朝日新書
Asahi Shinsho 956

損保の闇　生保の裏

ドキュメント保険業界

柴田秀並

朝日新聞出版

損保の闇　生保の裏

ドキュメント保険業界

目次

第八章　保険本来のあり方とは？

本文写真（特に表記のないもの）　朝日新聞社
図表　朝日新聞メディアプロダクション

原則として敬称は省略しました。

プロローグ

2024年1月22日午後4時半、東京・霞が関の空はどんより曇り、今にも降り出しそうだった。中央合同庁舎第7号館11階、金融庁監督局の会議室に金融証券検査官の声が響いた。[*1]

「歴代社長を含む経営陣の下、顧客の利益より、自社の営業成績、利益に価値を置く企業文化が醸成されてきたと認められた」

損害保険ジャパンと親会社SOMPOホールディングス（HD）に対する金融庁の立ち入り検査結果を通知する場。以前は「交付式」とも言われた。この検査結果を元に、2社は保険業法に基づく業務改善命令を受けることになる。

呼びつけられたのは、HD社長兼最高執行責任者（COO）の奥村幹夫、損保ジャパン社長の白川儀一、同副社長の石川耕治の3人。両社の内部監査部長も帯同した。

マスコミに見つかるのを警戒し、別の場所で開催を予定していたが、土壇場でこの会議室に落ち着いた。金融庁側は、監督局長の伊藤豊、審議官の尾﨑有、保険課長の三浦知宏のほか、主任統括検査官の清水洋一ら検査官4人も臨席した。

金融庁は23年9月19日、損保ジャパンに立ち入り検査に入ると、その後、HDにも検査を拡大。清水ら検査部隊は東京・新宿にある両社の本社ビル38階に常駐し、年をまたいで両社を調べ上げてきた。

「儀式」の進行役となった検査官が概要を読み終えると、張り詰めた空気をほぐすかのように伊藤が「検査にご協力いただいたことに感謝申し上げる」とねぎらった。次の長官が有力視された伊藤。監督局のトップとしてこの間、相次ぐ業界の不祥事対応にあたった。

「これからさまざまな建て直し策を講じることになると思うが、実践する社員らはこれまでの出来事で大きなダメージを負っている。こうした気持ちに配慮いただき、大きく立ち直っていただきたい」

日本で最初の火災保険会社をルーツに持つ名門損保、損保ジャパンの名声はどん底に落ちていた。

ゴルフボールを靴下に入れて振り回し人の愛車をぶっ壊す、ロウソクや紙ヤスリでボディにこすったような痕跡をつける……。中古車販売大手のビッグモーター（ＢＭ）による保険金の水増し請求の手口が次々と明るみになるなか、同社と損保ジャパンとの「蜜月」関係が世間に衝撃を与えた。

損保ジャパンは「お得意さま」であるＢＭへの配慮から、大手4損保のなかで唯一、「オススメ工場」としてＢＭを契約者に紹介し続けた。「組織的な不正はなかった」としたＢＭの調査報告書が改ざんされたものだと知りながら目をつむった。

「損保ジャパンの看板を恥ずかしくて出せない」「保険金請求者からＢＭには甘いクセに、と怒鳴られる」[*2]。現場からは悲痛の声があふれた。

伊藤の「激励」に、次期グループトップに内定していた奥村が応じた。

「すべての事項を点検して見直していきたい。ご指摘のように、見直しの枠組みをつくっても、実際に行うのは人です。彼ら、彼女らのプライドや気持ちに十分に配慮し、前へ進んでいきたい」

次いで白川が「当局、契約者、代理店、社員、そして社員の家族に多大なご迷惑をおかけしたことを改めてお詫びしたい」と謝罪。前を向く奥村とは対照的に、沈痛な表情を浮かべた。

9日後には一連の問題の責任をとる形での辞任が決まっていた。

白川は一連の問題で損保ジャパン側の「戦犯」とされた。いったんやめたBMとの取引の再開を最終的に判断したのが、彼だったからだ。

入社年で役員37人を抜く抜擢人事で社長に就任してからわずか1年10カ月、彼はどこで道を間違ったのか。時計の針を戻すと、「宴」にさかのぼる。[*3]

22年5月16日夜、東京・新橋の料亭「松山」に白川はいた。政財界の著名人が訪れる1949年創業の老舗料亭でこの日、東京海上日動火災保険、三井住友海上火災保険の2社長とそろって、取引先の大手化粧品メーカー首脳を接待していた。

3時間ほどで宴は終わり、もてなした相手は帰って行った。

「ちょっといいですか」

参加者の一人、三井住友海上社長の舩曳真一郎《ふなびき》から、帰ろうとしていた白川は声をかけられた。「タバコが吸いたいので……」。ヘビースモーカーで知られる白川は振り切って外に出ようとしたが、「ここで吸えばいいじゃないか」と引き留められた。

舩曳の隣には東京海上社長の広瀬伸一。実は二人は事前にすり合わせていた。タバコに火をつけた白川に対し、二人はこう切り出した。

「ビッグモーターの問題、本腰を入れないといけない」

すでにこの頃、BMは大きな疑惑の渦中にいた。従業員の内部告発が損保各社に共有されており、放置すれば損保の責任も問われかねなかった。

3社で一丸となる必要があるが、損保ジャパンが消極的だ――。こんな情報が、東京海上と三井住友海上の両トップの耳に入っていた。

トップ同士が直接会える機会は多くない。

「きちんと対応しなければ大変なことになる」

こう迫る広瀬と舩曳に対し、タバコをくゆらす白川は語ったという。

「全然、知りませんでした」

BMとの付き合いが深くシェアも1位の損保ジャパン。そのトップが、不正疑惑をそもそも知らないというのだ。素っ気ない反応に、これ以上の会話につながらなかった。

3社は保険契約を奪い合うライバル同士。白川流の「煙に巻いた」対応とも受け取れたが、本当に知らなかったことが後に判明している。

去り際の白川に一人が「よくよく考えた方がいいぞ」と再度言った。

この「忠告」もむなしく、損保ジャパンは道を踏み外すことになる。各社は契約者の事故車両をBMに紹介する見返りに、BMで中古車を購入したユーザーの自動車損害賠償責任保険(自賠責)を割り振ってもらっていた。3社ともいったんは事故車の紹介を停止したが、損保ジャパンだけが1カ月あまりで再開させてしまう。

白川は自身の辞任会見で「大きな経営判断ミス」と悔やんだ。だが、白川一人だけの責任に帰すことはできない。金融庁は検査の結果、損保ジャパンの企業文化に真因があるとした。

さらに業界特有の事情もある。

確かに、一連の問題では損保ジャパンの過ちが際立った。だが、他社がすべて正しい判断をしていたとは言い切れない。

各社はこぞってBMへの事故車の紹介を競い合っていた。東京海上はBMを含めた「指定工場」への案内数を代理店の「ノルマ」に課していた。代理店に停止を求めたのは不正の疑いが発覚してからかなり時間がたってからだった。

BMの問題が世間で注目されたのと同じ頃、別のスキャンダルが発覚し、業界を揺るがせた。企業向け共同保険をめぐる損保4社によるカルテル疑惑だ。

損保各社は激しく競い合う一方で、この問題では逆に、企業の知らないところで保険料などを調整し合っていた。不適切な行為を受けた疑いのある企業や団体は23年12月時点で576にのぼる。

実は先ほどの宴席には、接待相手がもう一人いた。化粧品メーカーの企業保険代理店社長。企業と代理店の両トップを、ライバル損保3社がもてなしていた。

BMへの対応を話し合った場が、カルテル疑惑に代表される、なれ合い構造をも象徴していたのだ。

業界では、大口契約をもたらす企業や代理店への過剰な「本業支援」の実態も明らかになっている。ある大手不動産会社では、同社の賃貸マンションをどれだけ社宅にするかで損保各社が競い、契約シェアを奪い合っていた。ディーラーなど優良な代理店には、イベントの整備係に社員を出したり、車やスーツを「自爆」購入したりといった異常な配慮も見せている。

保険本来の機能や趣旨を置き去りにして奇妙な便宜供与を競い合う。

「損保の常識、世間の非常識」とも言われる損保業界。BM問題とカルテル疑惑をきっかけに、長年の膿《うみ》が一気に噴出してしまった。

業界を監督、モニタリングする立場である金融庁は万全だろうか。

近年の同庁保険課は、複数社の商品を扱う生保の乗り合い代理店に対するモニタリングに傾注してきた。複数の商品のなかから顧客にふさわしい保険を選んでいるように装いながら、実際は手数料やボーナスが多い保険会社の商品を推奨するケースが横行していたからだ。

1996年の自由化で乗り合い代理店の一部が解禁、2016年施行の改正保険業法では、複数の保険会社の商品を比べて特定商品を勧める「比較推奨」を行う乗り合い代理店に求められる義務が明確化した。「ほけんの窓口」など保険ショップが台頭するなかで、金融当局はこの領域に大きなリソースを割いた。

一方で、損保の販売のあり方は見過ごされた。生保でも、乗り合い代理店の健全化に金融庁が注力するなかで、いまだ主要チャネルであり続ける1社専属の営業職員（生保レディ）のあり方については深く検討されてこなかった。

そのツケが、損保ではBM問題やカルテル疑惑であり、生保では、加入の必要のない人に多数の保険に入らせる「過剰契約」の問題につながった。

「売れればよい」「売れる人がえらい」という発想が、保険契約をたくさん獲得する「優績者」への過剰な忖度《そんたく》を生み出す。20年に発覚した、第一生命保険の優績者の巨額金銭詐取事件では

「女帝」とも呼ばれたレジェンド営業職員に対し、経営陣すら物が言えず、問題の予兆はスルーされ続けた。事件をきっかけに、営業職員に関するさまざまな課題が浮かび上がっている。

長年の膿がたまっているのは生保も同じだ。

当局と業界はいま、水面下で「攻防」を繰り広げている。

生命保険会社と損害保険会社は同じ「保険」を扱っているとはいえ質が異なる。ただ、どちらも「国民のリスクをカバーする」という公共性の高さから、生命保険料控除や地震保険料控除など各種の優遇措置がとられている。

「保険」という言葉に「安心感」「信頼感」を抱く国民性は根強い。保険は加入する個人や企業をリスクから守るだけでなく、そのことによって健全なリスクを取った行動も可能にする。

一方で、顧客との「情報の非対称性」が強い業界だ。購入という入口から、支払いという出口まで、顧客にそれが適切かどうかを判断する材料が少ない。その商品・サービスが顧客にとって最適か、わからない世界が広がっている。

そこに顧客の利益を犠牲にして「うまみ」を得る余地が生まれる。

経済記者の役割の一つは、こうした弊害が起こりそうな領域をつねにウォッチしていくことだと筆者は考えている。損保、生保、そして両業界と対峙する金融庁の今を描き、業界の課題を浮かび上がらせたい。

＊1　複数のＳＯＭＰＯホールディングス（ＨＤ）関係者、金融庁関係者への取材（２０２４年2月13日、3月1日、4日、7日）。
＊2　西日本の損保ジャパン社員や代理店関係者への取材（23年10月〜24年3月）。
＊3　ＳＯＭＰＯＨＤ社外調査委員会「中間報告書」ｐ16。大手損保の内部資料、関係幹部へのインタビュー（23年11月22日）。

第一章

ビッグモーターの告発者

千葉県北部中央、成田空港から直線距離で10キロほどの場所に、中古車販売大手のビッグモーター（ＢＭ）酒々井《しすい》店はある。中古車販売だけでなく、整備工場も兼ねており、ＢＭのなかでも大型店に位置づけられる。

２０２２年１月のある昼下がり。[*1] 青地に白抜きで「ＢＩＧＭＯＴＯＲ」と書かれた看板が目を引く店舗に、黒光りするアルファードが横付けされ、スーツ姿の男たち５〜６人が入っていった。ＢＭ本社の幹部らだった。

「環境整備点検」

ＢＭにはこう呼ばれる慣行がある。店舗や工場の清掃が行き届いているか、店の前には雑草が生えていないか……経営陣らが定期的に、全国の店舗を巡り、こうした状況を逐一チェックしていく。結果は細かく点数が付けられ、低い場合にはペナルティーを科される。

この日のトップは、兼重宏一（33）。ＢＭを田舎の修理工場から「売上高７千億円」の大企業に育て上げたドン、宏行（70）の長男だ。

ＢＭは当時、全国で約３００店舗を展開。「中古車買取台数６年連続日本一」を誇った。副社長の宏一は、遠くないうちに父の後を継ぐことが確実視されていた。周囲にはすでに「社長」と持ち上げる幹部までいた。

宏一は父の威光を背に、「恐怖政治」で社内を震え上がらせていた。苛烈なノルマで締めあげ、気に入らない工場長を容赦なく左遷する――。宏行から権限が移譲されつつあるなかで年々、その激しさは増した。

環境整備点検にはとりわけ厳しかった。

関東のある店舗に点検に訪れた際、宏一から工場長のＬＩＮＥに「タバコが落ちていましたよ」というメッセージが届いた。敷地内で見つけたという吸い殻の写真も添付されていたという。工場長は「現場」を探し回ったが、吸い殻を見つけることができなかった。ほどなくして工場長は左遷された。

御曹司と塗装工

「この日も犠牲者が出るのではないか」。酒々井店が張り詰めた空気に包まれるなか、宏一の取り巻きの輪に、ドカジャン姿の男が割って入った。兼重誠（48）。

「宏一、大変なことが起きとんぞ！　車ぶっ壊しとるわ！」

「ええ？」と、宏一は驚いたような表情を浮かべた。

2人は従兄弟同士だった。創業者である宏行の長兄が、誠の父にあたる。

誠はこの日、休日で出勤していない。だが前夜、宏一が点検に訪れると同僚から聞き、「直訴」のため、狂気じみた点検の場に駆けつけた。

「工場長の指示で事故車をぶっ壊し、保険金の水増し請求が横行している」。誠が訴えた内容は、驚くべきものだった。

事故車の修理は、主に板金と塗装の二つがある。これらを担う工場はBP(Body & Painting)工場と呼ばれ、22年6月時点で全国に30工場あった。酒々井店もその一つである。[*2]

修理までの流れはこうだ。

事故車が店舗に持ち込まれると、「フロント」と呼ばれる従業員や工場長が車両のへこみや傷を調べていく。損傷があるところには矢印の付箋を貼り、そのまわりを撮影する。

BMの場合、こうした写真は専用端末で顧客データと自動で紐付けられる。これをもとに「PT」と呼ばれる専門部署が、修理内容や作業時間を記載した初期見積もり書を作成し、保険会社に送る。保険会社では、損害調査を専門とする部署で社員らが作業内容におかしい点がないかを確認する。BMのフロントがその後、顧客に修理内容や概算金額を伝え、修理作業に入る。その際、作業指示書がフロントから渡され、その内容に従って板金工や塗装工らが修理していく。修理後、PTが保険会社と修理費に関して「協定」を結ぶ。

酒々井工場がおかしくなったのは21年5月、新たな人物が工場長に就任したのがきっかけだった。

彼やその部下のフロント従業員らは同年10月頃から、損傷がないテールランプやヘッドランプ、マフラーなどに「微細な傷がある」として矢印のシールを貼ってくるようになった。また、作業指示書に「タワー引きかならず！」などと手書きの指示を書き込んだ。タワー引きとは、車体のフレーム（骨格部分）まで損傷が及んだ際に専用の器具を用い大きな力で引っ張り修理する作業を指す。そこまでの作業が必要ない車両ばかりだった。

彼の指示は、作業量を増やして保険会社への請求額を水増しするのが目的だった。当時のBMは1件あたりの修理工賃と部品の交換から得られるもうけの合計額を「@（アット）」と呼び、その額を14万円とするノルマを課していた。月平均のノルマ額だったため、たとえば、バンパーの傷など10万円以下で済むような修理が増えると、達成が遠のいてしまう。

ノルマへの未達具合がわかってくる月末に、工場長の不正指示は増えた。

彼はパワハラの気質があり、従わない従業員を怒鳴ったり、胸ぐらを掴んだり、横暴な振る舞いは度を超えていたという。従業員らは「おかしい」と思っても、逆らえなかった。

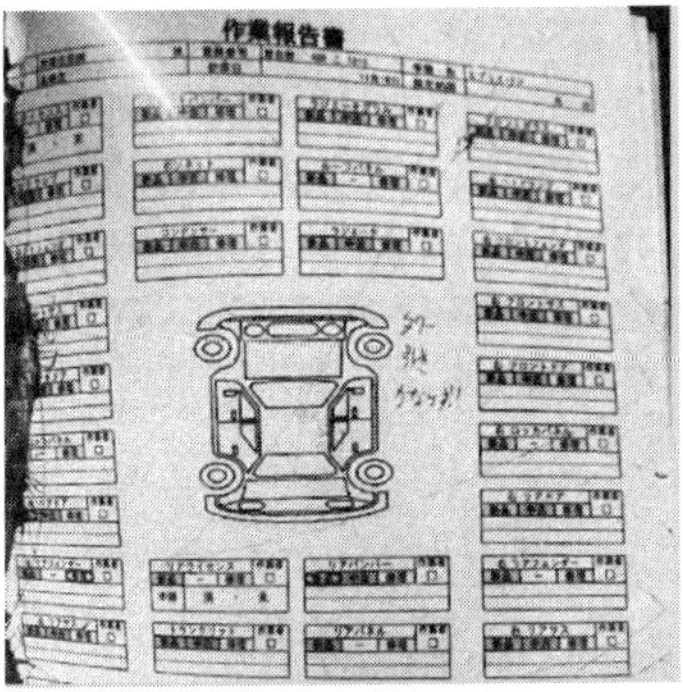

関拓人が撮影した作業報告書の写真。骨格部に損傷がないにもかかわらず、車両の図の隣に「タワー引きかならず！」と指示されたものだという

店舗を急拡大させていたBMは、人手が不足し、自動車整備の教育を十分に受けていない外国人を大量に採用していた。酒々井工場でも20人ほどいた整備工のうち半分は外国人だったという。工場長は彼らを怒鳴りつけ、不要な修理をやらせていた。

こうした状況に唯一、逆らったのが板金工の関拓人（25）だった。

茨城県出身の関は県内の自動車整備学校に3年通った後、BMに入社。酒々井工場に配属された。車好きの父親が自宅ガレージで車いじりをするのを間近で見て育った。高校の頃はバイクにのめり込み、夜な夜な友人らとツーリングを楽しんだ。

関は板金工に誇りを持っていた。入社当時のBMには、技術の高い先輩がいたといい、タワーの引き方、パネルのはがし方、溶接の仕方と、一つずつ教えてもらいながら上達していった。「自分でやり方がわかってくると、おもしろくなってくる」と感じていた。

昔はいわゆる「やんちゃ」だった関。「圧力ごときでおかしなことに従うほどの生き方はしていない」。必要ないので指示を無視してパネルを交換せずに修理したところ、フロントから「やり直せ」と言われ、ぶち切れたこともあった。

工場長の不正は次第にエスカレートしていく。ヘッドライトのカバーをハンマーで叩いたり、フロントフェンダーを素手で曲げたり、関が作業するエリアからも、車両を壊している姿が見えるようになった。

工場長は23年7月、「青汁王子」こと実業家で有名ユーチューバー、三崎優太の動画にモザイク姿の「告発者」という立場で出演。「ほぼほぼの車に偽装の傷をつけていた」と認め、月に200台くらいで偽装し、1件あたりの修理費を5万〜10万円上乗せしていたと告白している。

工場長一派に逆らい、孤立する関が、頼りにしたのが誠だった。

塗装工である誠は、板金が修理した後に作業するため、不正に直接関与させられることはなかった。

工場長も「兼重家」でもある誠に対し、横暴な振る舞いはしなかった。このため誠は不満を抱える外国人らから「物を申せる唯一の人物」と慕われ、いつしか周囲の期待を背負っていく。

そんな誠にとって冒頭の整備点検は宏一に直談判できる数少ないチャンスだった。

「社長に直接LINEしてください」

店舗内の環境美化に余念がない宏一にとって、予想もしなかった告発だったのだろう。精いっぱいの返答だった。

宏一は「勉強は出来た」とされる。早稲田大学商学部を卒業後、11年4月に損害保険ジャパンの前身の一つ、日本興亜損害保険に入社し経理に所属したが、翌年6月末に退社。米国の名門ロチェスター大学でMBA（経営学修士）を取得している。15年にBMへ取締役として入社し、直近は副社長として経営に当たっていた。

エリート街道を歩んだ御曹司は、父親の影響でゴルフが趣味だったが、車にそこまでの関心を持っていなかったようだ。板金・塗装など、なおさらだ。

親族によると、誠が20代の頃、実家で単車のエンジンをばらしているとき、まだ小学校低学年くらいだった宏一がやってきた。作業には興味を持たず、解体音がうるさいのか、顔をしかめて両手で耳をふさいでいたという。

一方の誠は、関と同じく大の自動車好き。『週刊ヤングマガジン』(講談社)で連載された、走り屋の若者たちを描いた漫画「シャコタン☆ブギ」の「ジュンちゃん」の影響で、1972年製の日産スカイラインの中古をエンジンからばらして3年半で組み立て直し、愛車として乗っていたほどの筋金入りだ。

高校卒業後、地元の修理工場を経て叔父のBMに入社。一度、退職しているが再び戻った。BMでは、ずっと塗装工だった。

不満を抱える従業員に期待された側面もある。親族がつくりあげた会社で不正が起きていることが許せなかったこともある。だが何より、人の愛車をぶっ壊すという発想そのものが誠にとってありえなかった。

損保協のミス

この頃、２人は別のルートも模索していた。

２０２１年11月11日、関は１本の電話を入れている。損保の業界団体・日本損害保険協会に置かれた通報窓口「保険金不正請求ホットライン」。寄せられた情報は本人同意のうえ、保険会社に共有される。協会は窓口を用意しているだけであり、実際に調査を担うのは保険会社である。

だが、まるで音沙汰がなかった。

保険会社にこの情報が共有されたのは２カ月後。[*3]その理由は公表されていないが、ホットラインのシステム不具合が原因だという。情報提供者は、よほどの覚悟で電話しているのであり、損保各社にとっても大切な情報だ。あまりにお粗末というほかない。

損保からの連絡を待つ間も、酒々井工場での不正は続いた。「犯罪なのに無視するのか」「俺らがおかしいのか？」。２人は会えば、こんな会話を交わした。

22年1月31日午後2時、工場からほど近くにあるファミリーレストランのガスト富里店。[*4]ようやく面会の場が持たれた。工場からそのまま来たつなぎ姿の２人に、スーツ姿の損保ジャパンと三井住友海上火災保険の社員らが向き合った。両社とも本社で損害調査を担当する幹部だった。全国各地に設置された調査部門を統括し、事故査定や支払い業務、不正対策を担っている。

「対応が遅れ、大変申し訳ありません」

冒頭、損保ジャパンの担当者が謝罪。告発の経緯や、不正の具体的な内容を聞いていった。担当者らも最初は疑念を持っていた。それは誠がBM創業者の親族だということ。身内との争いや不満の可能性もあったからだ。

2人は、酒々井工場での不正の手口を、こっそりスマートフォンで撮影した証拠写真を見せながら説明していく。

損保側の一人が「これは本音で話している」と確信したのは、誠が語ったエピソードだった。誠が自宅のリビングで小学2年生の息子とテレビを見ていたとき、BMのCMが流れた。「車を売るならビッグモーター」という、あの印象的なフレーズの後、息子が突然笑顔でこう言った。

「この会社、お父さんが働いているんだよね。僕も大人になったらここで働きたい」

担ぎ上げられた形の誠だが、自分にも生活がある。家族を養う責任もあり、どこまで不正と闘うかは正直なところ揺らいでいた。だが、息子の言葉を聞いて決意した――。こんな話を聞き、損保社員らは気を引き締めた。

この日参加した三井住友海上の損害サポート業務部の幹部の一人は、以前からBMの工場の質が悪いと感じていた。19年9月には六本木ヒルズの本社に乗り込み口頭で改善を申し入れてもいる。[*5] だが、不正の決定的な証拠がないなか、手練手管のBMに攻め手を欠いていた。ホットラインへの告発は損保各社に共有されたもの。3社で一丸となって改善を迫れるチャンスだと感じた。

約1カ月後、再び面談が持たれた。場所は、ガストから千葉県内のジョイフルに。前回参加しなかった東京海上日動火災保険の担当者も参加した。

関「つい最近も、塗装が必要ないからそのまま完成させたところ、もう一度部品を分解して塗装し、写真を撮れとの指示があった」

――不正の背景はいったい何なのか？

関「修理費を高くしないと売上目標に達しないからではないか」

――ほかの従業員は従っているのか？

関「工場長の圧力を恐れて従っている。麻痺している人間もいるかもしれない。未熟な外国人作業員は意味がわからずさせられているかもしれない」

関はこの時点で、フロントフェンダーを曲げたり、リアフェンダーに傷つけたり意図的に損傷個所を増やして保険金を水増し請求する手口についても共有している。

1時間ほど話した後、2人は帰り、ジョイフルのソファ席で3社は打ち合わせた。

「社内の雰囲気としては不正が本当かどうか確信を持てていない」と面談前に漏らしていた東京海上の担当者は「通報内容は事実であり大問題だ。ただちに社内協議に入る」と一転させた。自社がこれまでBMの見積もりで不審に感じていた部分と、関らが語る手口が見事に符合していたからだ。

「3社が足並みをそろえないと2人の要望をかなえられない」。三井住友海上の担当者がこう話すと、東京海上の担当者が同意する。そんなやりとりのなか、損保ジャパンの担当者が気になる発言をする。

「不正請求疑惑に対してクロ判定は避けたい。できれば関東マツダのような大きな問題にしたくはない……」

「関東マツダ」はマツダの販売子会社。12年に保険金の大規模な水増し請求が発覚し、大きな問題となった。都内21の工場で約3500件の不正があり、関東運輸局が行政処分を行う事態となった。

営業部門との調整が難航しているのだろうか――。参加者の一人は損保ジャパンの言動に若干の違和感を抱いたが、深くは気にとめなかった。

3社の不協和音

2人の告発をきっかけに3損保が過去の請求をサンプル調査したところ、2022年4月26日の時点で、3社合計で約1100件のうち不適切な疑いがある請求が75件見つかった。[*6] リサイクル部品を使っている可能性が高いのに新品代金を請求している、損傷がなさそうなのに修理したとして代金を請求している、など手口は似通っていた。

3社はBMに対して①抜本的な改善を求める②厳しい姿勢で臨む、といった方針で一致した。ただ、元々は契約を奪い合うライバル同士。具体的な対応ではすきま風が吹く。とくに事故車両の紹介を止めるタイミングで意見が食い違った。

3社は自社の契約者が事故を起こした際、「入庫紹介」「入庫誘導」などと呼ばれる修理工場を紹介するサービスを行っている。修理はディーラーなど購入した店舗に依頼するケースも多いが、あてがない契約者もいる。自分で探すのは手間がかかるため、保険会社に付き合いのある工場を紹介してもらうのは顧客にとってもメリットになる。

3社はBMを契約者に紹介する対象工場に指定していた。修理工場にとっても貴重な収入源となる。酒々井工場では持ち込まれる事故車の7~8割が入庫誘導によるものだった。

契約者は保険会社を信頼して案内に従うのであり、質の高い工場であることが前提だ。

ＢＭは紹介に値する修理工場なのか。４月26日、３社の損害調査部門の担当者らはＢＭへの対応をめぐって再び協議した[*7]。

損保ジャパンの担当者は「ＢＭが自主調査などで不正を自ら認めた段階で、入庫誘導を停止するべき。いきなりの停止は難しい」と消極的なスタンスを表明した。関らへの２度のヒアリングで不正の具体的な手口を把握し、証拠写真も入手していた。サンプル調査でも疑義案件が多数出ていたが、それでもＢＭの「自認」を停止の条件とした。

ほかの２社のスタンスも微妙に異なった。

東京海上　「たとえ1社単独でもＢＭに対して入庫誘導の停止に踏み切る」

三井住友海上　「入庫誘導の停止が必要だが、３社合同で日程を合わせた方が良い」

協議は平行線のままだった。

翌日には、企画部門に協議が移った。同部門は、業界の自主ルールの策定や当局への申し入れなど、業界全体の課題の調整役を担う。普段から担当者同士でやりとりしており、利害が絡み合うテーマをまとめ上げるのも得意だ。

「ＢＭに対して共同で自主調査を申し入れる」「金融庁に報告する際はタイミングを合わせる」という二つの方針は一致したが、入庫誘導を止めるタイミングではやはり決裂した。損保ジャパンはここでも「不正が確定したわけではない」「入庫紹介を停止するにはステップを踏む必要がある」などと主張した。

BM社長へのLINE

思惑が異なる3社は議論だけをだらだらと繰り返した。そんななか、ゴールデンウィーク明けの2022年5月12日。告発者への3回目の聞き取りがあった。

今回は関だけがジョイフルの席に着いた。関はすでに5月末でBMを退職することを決めていた。損保社員にそれを伝えたかったのだ。

「車を壊すのはもう見たくない。こんな会社でこれ以上、働けない」。茨城の実家の近くで修理工場の採用が決まっていた。それでも関は「残って耐える後輩や外国人作業員、一緒に闘った兼重（誠）さんに申し訳ない」と感じていた。未損傷なのに塗装を施した事例など、最後まで不正の証拠をこっそり撮影し続けていた。

そしてそれを損保ジャパンの担当者に託した。

「根掘り葉掘り聞いてくる割に、何をしているのかわからない」。不信感もたまっていたが、それでも損保会社が最後の頼りだった。

誠の「直訴」が不発に終わったからだ。

誠が1月に宏一に不正を告発した際、「社長に直接LINEしてください」と言われていた。

誠はその後、BMの社長であり、叔父でもある宏行にLINEメッセージを送っている。[*8]

「タワーで引くような作業ではない」「写真だけ何枚も撮らされました」「傷無し作業とか何百台もありました」などのメッセージとともに証拠写真も添付した。

宏行は、BP工場を統括するBP本部の部長（BP部長）にメッセージを転送し、調査を指示した。だが同時に、宏行は「個人的な確執により誇張されたもの」という先入観を持っていた。[*9]調査結果の報告を待たずに誠に対し「酒々井BPのメンバーなんだから、他人事のようなことを言うんじゃなくて、工場長と協力して、問題があれば解決してください」と返している。

酒々井工場にやって来たBP部長の調査も名ばかり。すぐに宏行に「宏行社長から誠さんに話して頂いたおかげもあり、誠さん自身反省して工場長に協力すると言って頂きました」などと送っている。

誠は「悔しかったが、クビになったら家族を養っていけない。受け入れるしかなかった」と当時、関らに漏らしている。

不正に苦しむ工員らの落胆は大きかった。関は心が折れ、退職を決意した。

「頼みの綱」である損保3社は日本を代表する立派な大企業。自分たちの契約者が不正の被害に遭っている可能性が高かった。

にもかかわらず、生活を失うリスクを冒してでも不正をただそうとする2人に対し、煮えきらない態度で面会だけ繰り返した。

最初の告発からすでに半年が経っていた。

損保ジャパン社長・白川

「BMで不正の疑いのある請求が多数見つかっている」

東京海上、三井住友海上は22年3月末までに損害調査部門から社長らにこうした情報を入れている。例えば三井住友海上社長の舩曳真一郎は3月22日、調査や再発防止策がまとまるまで入庫誘導を止めると説明された際、「数字が落ちてもいいから、徹底的にやれ。顧客に被害があってはならない」と、現場よりも厳しい措置を指示している。[*10]

5月に入ると、そんな舩曳と東京海上社長の広瀬伸一に現場から「損保ジャパンが消極的だ」という情報があがってきた。5月9日には、損保ジャパンから他の2社に、「BMに対して2〜3週間程度の自主調査を申し入れ、不適切な保険金請求であることを自認した工場のみ入庫勧誘を停止する」と伝えられた。[*11]数日後の協議では三井住友海上が「少なくとも酒々井工場はクロとわかっているため停止しないのは耐えられない」と説得を試みてもいる。

そして迎えたのが、プロローグで触れた5月16日の3トップ会合だった。

先に到着した広瀬と舩曳は、接待相手が帰ったらBMの件で損保ジャパン社長の白川儀一に談判するよう申し合わせていた。

一方、いきなり2トップに迫られた損保ジャパン社長の白川。当時、社長就任から1カ月あまりしか経っていなかった。51歳と若く、入社年で役員37人を抜く異例のスピード出世だった。ソフトテニスへの夢を捨てきれず、32歳のときに損保ジャパンを退職し、北海道北見市役所の実業団チームに所属した。全日本実業団選手権にも出場したが、足のけがで競技継続を断念。再び損保ジャパンに戻った異例の経歴を持つ。

3トップ会合では船曳が「BMは付き合うレベルの会社ではない。断固とした態度で一致して臨むべきだ」とすごんだ。白川は後に「ものすごいトーンで迫ってきた」と振り返っている。[*12]ところが、白川はそもそもBM問題について社内から全く知らされていなかった。

「事案を社外から、しかも競合他社である他の損保会社の社長から聞かされたことは、屈辱であると同時に、対抗意識も手伝って経営者としてより適切に対処しなければならないという一種の焦燥感を覚えたであろうことは想像に難くない」。SOMPOホールディングスの社外調査委員会は後にこう評している。[*13]

白川は会合の直後、営業担当の専務、中村茂樹と損害調査部門のトップである、保険金サービス企画部長（保サ企部、執行役員）、大倉岳の2人に詳細を報告するよう電話を入れている。

翌日、損保ジャパン本社で急遽、白川への経営報告の場が持たれた。

中村、大倉、金融庁など当局対応を担う調査部長（執行役員）の渡邉健司の3人がこれまでの経緯を説明。報告を受けたのは白川のほかに、副社長の飯豊聡、営業企画部長（執行役員）の重定祐輝だった。関が託した不正の証拠写真や聞き取りメモも共有された。

「東京海上、三井住友海上は、BMの工場のうち1件でも疑義がある工場については入庫紹介を停止する方針です」。渡邉が他社の状況も伝えた。


このときの白川の判断は適切だった。

「事態を重く受け止め、厳正な対処をしてほしい」

すると入庫誘導の停止に消極的だった幹部らの雰囲気は一変。その後、損保ジャパンはBMへの対応で他の2社と歩調を合わせるようになる。

ちなみに渡邉率いる調査部は、おそくとも5月11日までに、ほかの2社が各社長に対しBMの不正請求疑惑を報告していることを把握。保サ企部とともに、白川への報告の必要性を認識していたにもかかわらず、結果的に上げていなかった。[*14]

薄氷を踏む協調行動

ＢＭ対応で消極的な姿勢をとっていた損保ジャパンは、トップの白川が知るところとなり一転、他の２社と協調路線に乗ることとなった。２社にとって、損保ジャパンが離脱するケースをメインシナリオとし、それでも入庫誘導をやめる調整に動いていた矢先だった。

ＢＭに対して①６月末を報告期限とした工場の自主調査を要請する②ＢＭ社長の宏行との３社面談を要請する③要請後ただちに入庫誘導を停止する、という三つの方針で合意した。ただ入庫の停止範囲は全工場ではなく、サンプル調査で疑義のあった25工場とした。

22年６月７日午前、東京海上が先陣を切ってＢＭのＢＰ部門担当の取締役と面談した。*15 その後、損保ジャパン、三井住友海上が続いて面会する予定だった。

「入庫を停止する。兼重社長に会いたい。第三者の目線を入れた工場の調査もお願いしたい」。東京海上の担当幹部が「３社合意」を伝えた。

すると、取締役は「見逃した保険会社にも責任があるのではないか」と激高した。

結局、面談は途中で打ち切りに。その日の午後に予定された他の社の面談も「どうせ同じ話だから」とキャンセルになってしまった。

損保ジャパンと三井住友海上は仕方がなくその夜、取締役の部下であるＢＰ部長にメールで方針を伝えている。

「ブチ切れ事件」について、大手損保幹部は各社をおびえさせ交渉を有利に進める「はったり」だったと推測する。実際、3社が揺るがないとみたのか、翌日には自主調査を了承している。ただ「6月末まで1カ月もない」とし、今回の自主調査は関東にある4工場に限るとした。BMのドン、宏行との面会アポも入った。宏行は、損保の前にはめったに姿を見せないことで知られていた。

面会は6月27日。調査拡大をどう求めるか、入庫誘導の再開を求めてきたらどうするか……。さまざまな課題を事前に整理しておかなければならなかった。

すでに懸念もあった。4工場への自主調査については、BMのBP部長の提案で、損保ジャパンと三井住友海上の出向者が調査にあたることとされたからだ。3社の打ち合わせでは、東京海上と三井住友海上の2社が調査の透明性を危惧した。東京海上にいたっては6月10日の時点ですでにこんな言葉を漏らしている。

「第三者による客観的な視点を入れないと、BM側に隠蔽や改ざんされてしまうのでは――」

ドンとの面談

「3社合意」の三つめ、入庫停止も予定どおり、6月上中旬にかけ各社が順次進めていった。

すると6月22日夜、ＢＭのＢＰ部長から3社の営業に「ちなみに伝え忘れていますが、来月の自賠責は0件なので全国に周知をお願いします」とＬＩＮＥメッセージが届いた。

次の章で説明するように、各社はＢＭに事故車を紹介する代わりに、中古車を購入したユーザーが入る自賠責の契約をＢＭから割り振ってもらっていた。これ自体が顧客本位ではないグレーな慣行であるが、各社は紹介を競っていた。

「自賠責ゼロ」の通告は、入庫誘導を停止した3社への報復だった。

5日後の6月27日午後2時、東京・港区の六本木ヒルズに入るＢＭ本社。損保ジャパン専務の中村ら3社の営業担当役員らが一室に案内された。入ってきたのは、社長の宏行、ジュニアで副社長の宏一、ＢＰ部門担当の取締役ら3人だった。

「まだ自主調査中だと思うが、今回の事案について兼重社長の見解を伺いたい」

中村が打ち合わせどおりに口火を切る。4工場に加え、調査の範囲を広げてほしいこと、客観性・透明性を確保するために弁護士らを含めた調査委員会も視野に入れてほしい旨を告げた。

じっくりと聞いていた宏行は「報告を受けて正直びっくりした」と語り出した。「見積もりをごまかしてまで商売をしようなどとは一切考えていない。まっとうな仕事をしているし、やろうと思い行動している。このようなことが起きないようやっていくので信じてほしい」

かつて修理工からスタートした宏行。「板金修理は品質がすべてであるなか、情けない」とも漏らした。

「連携ミスやヒューマンエラーとも言えない事象がでている。自主調査で不適正事案が出るようなら、協議の上での前提だが、他の工場にも速やかに調査を広げないといけない」

中村が指摘すると、宏行は頷きながら応じる。

「原因を分析した上で、写真の撮り方などを含め、教育・チェック体制など再発防止のお話をさせていただきたい」

宏行は面会を今後も継続してほしいとの要請にも応じ、部下の取締役に対し「きちんと調査するように」と改めて指示を出してもいる。

ただ、「社外流出やSNSでの拡散のリスクもある」と損保側から忠告された際、「SNSで誹謗中傷を受けた経験がある。根拠のない誹謗中傷には断固として戦っていく」とも述べている。不正が世間で取り沙汰された際、被害者側かのような対応をとった予兆も見せていた。

その夜、白川は大倉から面談内容についてメールで報告を受ける。

大倉のメールは宏行が協力姿勢であること、再発防止に真摯に取り組む様子であることなどを伝えている。

BMに対し厳しい姿勢を見せていた白川は一転、「社長を信頼するとしての、入庫誘導解禁日の検討をよろしく」との指示を出した。

宏行は一見真摯な姿勢であったが、面談した中村はそのときのやりとりから「宏行社長には本当の情報が上がっていないのでは」との心証を抱いていた。だが白川の部下である中村も、大倉も、彼にこうした情報を上げることはなかった。[*16]

＊1　環境整備点検での兼重誠の行動や酒々井工場の不正の実態はビッグモーター（ＢＭ）特別調査委員会の「調査報告書」ｐ11～28、元同僚、関拓人へのインタビュー（２０２４年３月14日）、複数のＢＭ従業員への取材（23年10月～24年３月）、大手損保関係者への取材（23年９月～24年３月）。誠の経歴や親族とのエピソードは親族や関係者らへの取材（23年12月～３月）。年齢は登場した時点。
＊2　ＢＭの特別調査委の「調査報告書」ｐ６～10。
＊3　大手損保の内部資料の情報。
＊4　ＳＯＭＰＯホールディングス（ＨＤ）社外調査委員会の「中間報告書」ｐ11～12、関へのインタビュー、大手損保の内部資料など。
＊5　三井住友海上調査委員会の「調査報告書」ｐ15。
＊6　三井住友海上調査委の「調査報告書」ｐ20。
＊7　大手損保の内部資料の情報。
＊8　ＢＭの特別調査委の「調査報告書」ｐ27～28、関へのインタビュー。
＊9　兼重宏行23年７月25日記者会見。

＊10　三井住友海上幹部への取材（23年11月22日）。
＊11　大手損保の内部資料の情報。
＊12　損保ジャパンが金融庁に報告した情報。
＊13　ＳＯＭＰＯＨＤ社外調査委の「中間報告書」ｐ20。
＊14　ＳＯＭＰＯＨＤ社外調査委の「中間報告書」ｐ24。
＊15　大手損保の内部資料の情報。
＊16　ＳＯＭＰＯＨＤ社外調査委の「中間報告書」ｐ25。

第二章

損保ジャパンの過ち

ビッグモーター（ＢＭ）による不正の疑いが浮上して以降、損害保険ジャパン、東京海上日動火災保険、三井住友海上火災保険の3社は、紆余曲折もあったが協調してきた。２０２２年6月、ＢＭへの事故車の紹介を停止し、6月末を期限に自主調査を要請した。

だがその後、損保ジャパンは致命的な判断ミスを犯すことになる。不正の疑いに目をつぶり、いったん停止した誘導を再開させてしまうのだ。

その背景には、長年にわたる両社の「蜜月関係」があった。

ＢＭは１９７６年1月、兼重宏行が25歳のときに山口県岩国市で個人創業。[*1] 当初は「兼重オートセンター」という社名だった。宏行は岩国工業高校を卒業後、市内の自動車整備工場で働くなどしていたが、地元で独立した。どこにでもあるような小さな整備工場だったという。

4年後、現在の社名に変え、新規出店を重ねていく。その後２０１３年には、四国と九州をそれぞれ拠点とする同業者を吸収合併。一段と勢いづき、破竹の勢いで全国に店舗を拡大させた。21年2月時点で従業員は6千人、中古車販売店や買い取り専門店の数は３００近くにのぼった。「中古車買取台数6年連続日本一」「売上高7千億円」をうたい、「車を売るならビッグモーター」という耳に残りやすいキャッチフレーズをテレビやラジオＣＭで広めた。

損保ジャパンとの関係は、同社の前身の一つである安田火災時代の１９８８年にさかのぼる。ＢＭのような中古車販売店は、自賠責や任意の自動車保険の契約を仲介する代理店を兼ねているケースが多い。

2社以上の商品を扱う代理店については、一つの保険会社が委託契約を結び、代理店の登録や届け出業務を担う。その損保を「代理申請会社」(代申社)と呼ぶ。幹事社のような存在で、ほかの損保よりも関係が深くなる。

91年には損保ジャパンの前身の一つである日本火災海上保険がBMの代申社となった。2001年に同社が興亜火災海上保険と合併し日本興亜損害保険に、14年には同社と旧損保ジャパンが合併したが、いずれもBMの代申社という立場は引き継がれた。

BMの保険取り扱いに占める存在感は大きく、13年度には収入保険料(売上高に相当、旧損保ジャパンと日本興亜の合計)のシェアは自賠責が71%、自動車保険が91%に上った。他社の自動車保険シェアは2位の三井住友海上は7・4%、3位の東京海上が0・9%だった。

急拡大するBMに対し、損保ジャパンは資本面での支援もしている。[*2]

1997年には宏行の求めに応じ同社株式を5千株購入。求められるたびに買い増し、最終的には1万5500株を保有した。

日本興亜には宏行の長男で後のBM副社長、宏一も短期間だが在籍している。

「相思相愛」ともいえる両社だったが、BMが成長するにつれ、関係は次第に変化する。

きっかけは2014年度、BMが新ルールを導入したことだった。[*3]

この年、旧損保ジャパンと日本興亜が合併したことでBMでの保険シェアが事実上、独占状態となった。そこでBMは自社で扱う自賠責の割り振りについて一計を案じる。

損保各社は、事故にあった契約者にBM工場を紹介していた。BMからすれば仕事が楽に得られ、契約者も工場を探す手間が省ける。BMの不正疑いが発覚した際、焦点となったのはこうした入庫誘導を停止するかどうかだった。

BMは14年度から、入庫誘導の数に応じて、顧客の自賠責を割り振る「配分ルール」を編み出した。損保が欲しがる自賠責を「バーター」にすることで、修理案件を増やすことを狙った。

そもそも損保側が何らかの見返りのために事故車を紹介するのは「顧客本位」とは言えないグレーな仕組み。顧客は工場が優良だと信じているのであり、「自分を紹介すると損保会社が自賠責を獲得できるから」とは思っていない。

入庫誘導の競争

ところが各社こぞって入庫誘導に熱を入れ、競争は熾烈《しれつ》になった。当初は、代中社への配慮からか、損保ジャパンへの優遇措置があったが、数年後にはそれも撤廃された。

急成長を遂げるBMにとって損保ジャパンの必要性が薄らいでいく。16年には、損保ジャパンに繰り返し購入させていた自社株を一転、売却するよう求めている。

BMでの自賠責シェア

大手損保の内部資料より筆者作成

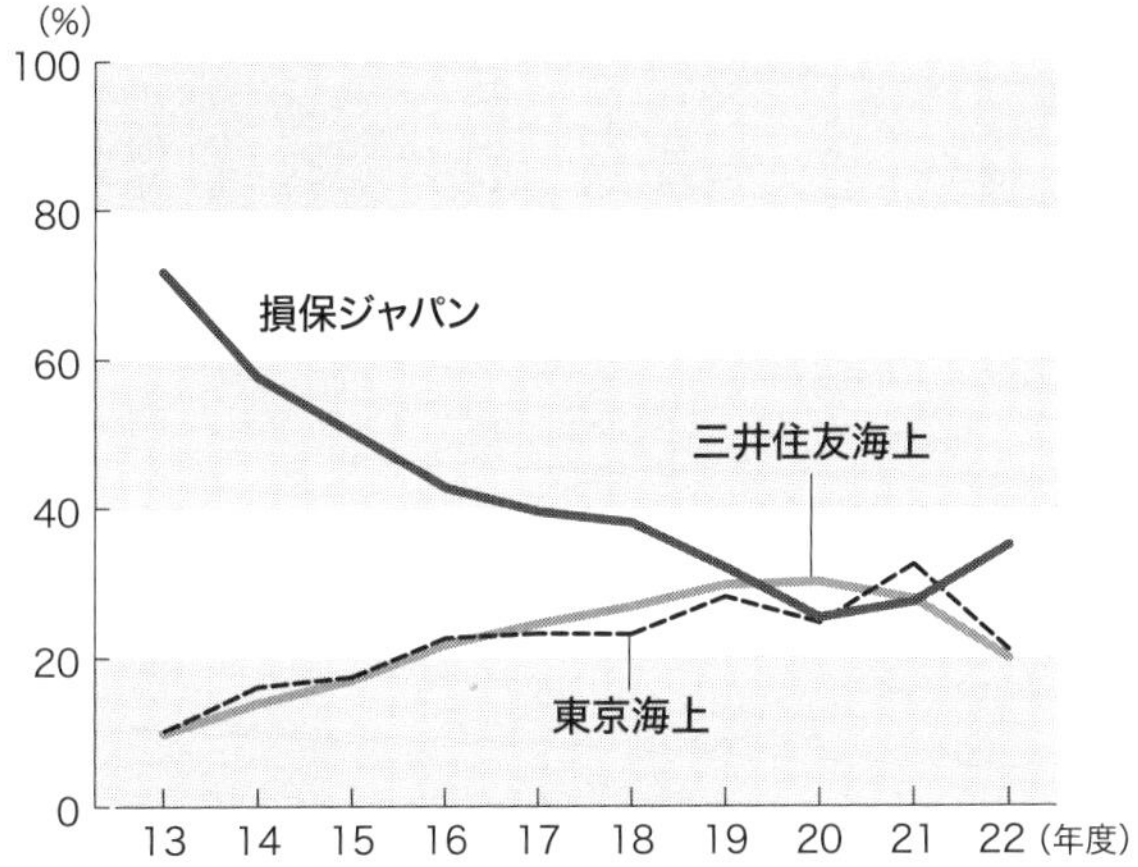

対照的に、損保ジャパンにとって「お得意さま」としてのBMの重要性が増していく。

他社への契約流出におびえた損保ジャパンは、BMへの入庫誘導を一層強化する。[*4]「BMへの紹介の推進」をかけ声に、14年度は5700件程度だった紹介数を増やし、21年度には1万2千件ほどにまで伸ばした。それでも、他社の攻勢をはねのけられず、自賠責シェアは57%から27%まで落ちこんだ。

損保ジャパンは毎年4~6月ごろ、入庫誘導の目標を設定する。[*5]

実際に顧客に工場を紹介するのは損害調査部門だが、営業部門から過大な数字が求められる。例えば21年度、あるエリアの損害調査部門は、当初1457台を提示したが、営業部門が2617台を主張。すり合わせの結果、

1902台が最終的な目標となった。

営業担当の副社長、飯豊聡は21年、各営業部店や損害調査部門に対しメールを送り「低水準であった踊り場の2年間を少し上回る程度の（入庫誘導の）目標設定等、低い志のため、その姿勢が管下職員にも伝わり、変革を起こせていない部店も見受けられる」と一部の現場を批判。「従来の延長線上、ちょっと努力すればいいなどというレベル感は捨ててください」とハッパをかけている。

完全査定レスという「禁じ手」

事故を起こしたとき保険会社から「オススメの工場があります」と言われれば、自分がまさか自賠責獲得の「バーター」に使われているとは普通思わない。ただ、仮に営業の材料に使われたとしても、工場の質さえよければまだ許せるかもしれない。

だが損保ジャパンは数字欲しさゆえに、最低限の節度すら見失った。

それが「完全査定レス」の導入だ。

工場から修理の見積もりが来た際、通常はアジャスターという専門社員が関与する。日本損害保険協会の試験に合格した損害査定のプロで、工場や事故現場を訪問したり、画像をチェックしたりして事故の損害額や原因、状況などを調査する。

損保ジャパンは工場の質を「S」「A」「B」「C」の4ランクに分けていた。上位の「S」「A」は顧客対応や修理技術が優れているとし、顧客に紹介可能な工場となる。

損保ジャパンはさらに「S」の一部で、アジャスターの関与を省略できる「簡易調査」を認めていた。修理部分の画像と見積書を送ってもらうだけで、アジャスターが中身を具体的に吟味することなく、原則、そのまま合意する方法だ。

損保ジャパンはBMに対し、「完全査定レス」とアピールしていた。

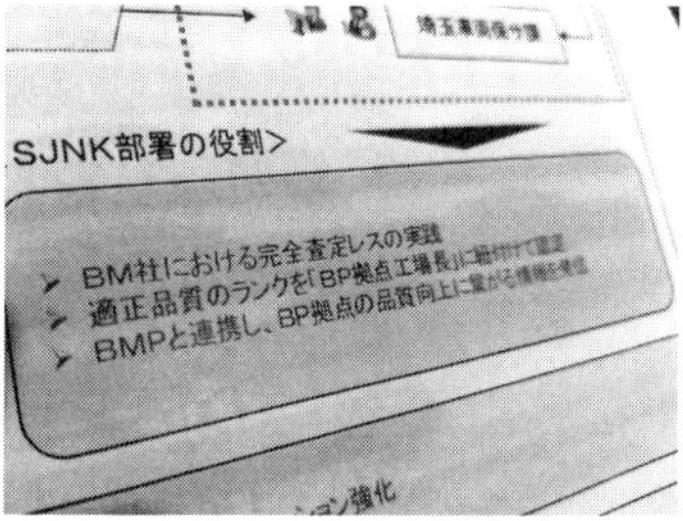

損保ジャパンがBMに提案した資料。「完全査定レスの実践」とある

「BMパートナー制度」の名のもと、2016年、BMの全工場を将来的にこの対象となるよう提案し、技術的な支援に乗り出した。BM工場は次々と「S」を獲得していき、わずか3年で全工場で「完全査定レス」が実現した。

「全工場は完全査定レスとなり大幅に業務効率が上がります。入庫から納車までノンストップで完了することができ、お客様に最短日数で納車することが可能になります」

BMのBP（板金・塗装）本部部長（BP部長）は当時、社員に対しLINEで満足げなメッセージを送っている。*6

だがこの「蜜月」はもろいものだった。

「完全査定レス」を含めた簡易調査では、工場の「言い値」で修理代金を請求されかねない。損保ジャパンはこれを防ぐため、事後的なモニタリングを導入していた。事故案件をサンプル抽出し、自社で見積もりを出してみる。これと工場側が実際に出してきた見積もりを比べ、どれぐらいの金額差があるかを調べる。「乖離検証」と呼ばれ、7%を超過する乖離率が2期続けば、簡易調査の対象から除外するとの方針が決められていた。[*7]

だがBMに対し完全査定レス導入後、まともに乖離検証をしていなかった。見積もりのサンプルについて規定項目を形式的に事後チェックする「簡易診断」にとどまった。

唯一、全工場で一律に乖離検証を行った19年度は、乖離率が7%超えとなった工場が上期で19工場、下期も10工場に上った。そのうち4工場が2期連続で7%超えしてしまった。

しかも営業部門が損害調査部門に対し乖離率を低くするよう働きかけている。損害調査部門がBM工場をBランク以下にしようとしたが、営業が介入し、ランクは結局維持された。[*8]

少なくとも乖離検証を翌年度以降も続けるべきだったが、「コロナ禍」を理由に実施されず、簡易診断のみとなる。この簡易診断でも異常さが際立った。20年度は全工場の約8割にあたる24工場が「不良」、翌年度には全工場が「不良」と判断された。

BMが請求する修理費の単価も22万3千円（19年度）から27万1千円（22年度）に急上昇。この時点ではすでに社内で「過大な請求ではないか」との疑念が浮かんでいたが、「オススメ工場」として顧客に紹介し続けた。

現場の実態は

「BM工場の質が悪いのは僕らのなかでは常識でしたよ。本社の優遇は異様でした」

10年ほど前から損害調査業務を担う地方の保険金サービス課(保サ課)で働く中堅社員の男性は振り返る。[*9] 保サ課では事故の受け付け、査定業務、支払いを担う。ただBMの場合、2019年から査定業務が本社に一元化された。これもBMに対する「プレゼンスアップ」の一環だった。以降、各地の保サ課がBMに関与するのは保険金支払いと入庫誘導だけになったという。

だが、本社から送られてくる支払い額は明らかに高いものばかりだった。相場のおおよそ1・5倍は当たり前だった。一般的には10万円以下で済むプリウスのリアバンパーの交換が、BMの場合だと12万~13万円で請求されていたという。

「他の工場だったら電話で確認を入れたり、アジャスターが現地に訪問したりといった対応をとっていますね。本社はBMの見積もりをそのまま認めているのではないか、とみんな疑っていました」。

ただ、BM案件は「問答無用」で支払うのが暗黙の了解になっていた。本社に指摘すれば、自分たちの業務量が増えてしまう。かえってやぶ蛇になると口をつぐんだという。

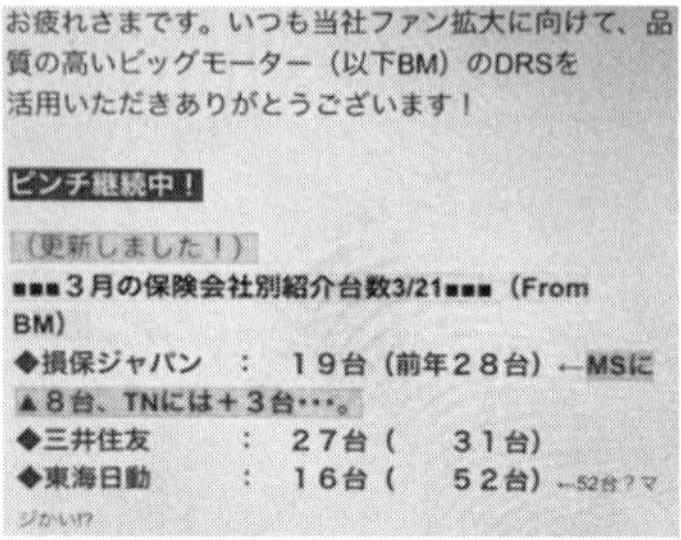
お疲れさまです。いつも当社ファン拡大に向けて、品質の高いビッグモーター（以下BM）のDRSを活用いただきありがとうございます！

ピンチ継続中！

（更新しました！）
■■■３月の保険会社別紹介台数3/21■■■（From BM）
◆損保ジャパン　：　１９台（前年２８台）←MSに▲８台、TNには＋３台・・・。
◆三井住友　：　２７台（　３１台）
◆東海日動　：　１６台（　５２台）←52台？マジかい!?

男性社員が所属する保サ課に共有された営業からのメール。他社とＢＭへの入庫誘導を競っている様子がうかがえる

一方で、男性は事故にあった契約者にＢＭ工場を紹介していた。

新車の場合はディーラーで直すのが大半だが、それ以外では工場を知らない契約者も多い。「初動」と呼ばれる受付段階で、こうした顧客に保サ課が工場を紹介する。

男性の場合、「きれいに直してくれる工場があるのでぜひ紹介させてください」という文句で案内していた。

理由は、ＢＭへの紹介数が、男性や保サ課が評価される要素になっていたから。「少しでも多く紹介するのが生活を豊かにするタネなんですよ。そりゃみんなやりますよね」

本来、営業の論理で損害調査部門が歪《ゆが》んではいけないが、各保サ課には連日、営業メールが送られ、入庫誘導の件数アップを迫られる。男性も、東京海上や三井住友海上に比べ件数が少ないと、ハッパをかけられていた。

営業部門と損害調査部門では力関係が歴然としていた。ディーラーに対し、きちんと査定して出した見積もりについて営業から「ディーラーから文句が来た。何とかしてくれ」と頼まれ、

査定額を上げるといったことも珍しくないという。
いびつな力関係は損保ジャパンの人事にも色濃く表れている。損害調査部門の経験が豊富な執行役員はほとんどおらず、取締役では西澤敬二会長くらいだった。[*10]
「営業は花形部署。社内で力を持っており、頼まれると『頑張ります』としか言えない。まさに営業偏重の企業文化。我々が断るという選択肢はないですね」

「忠誠の証し」としての出向

BMに対する損保ジャパンの優遇策は完全査定レスだけではない。

大量の社員をBM内に送り込み、業務サポートまで行っている。

「出向は忠誠の証し」と称される。

BMから要請されたのをきっかけに2004年11月から始め、23年3月までの間、計43人を送り込んだ。[*11] 大半が営業部門で、自動車保険の販売促進のほかに保険募集の指導や教育を担った。

BMは損保ジャパンに対し、次第に要求をエスカレートさせていった。

それまでは5〜6人で推移していた出向者数が20年度には16人に急増している。

「出向者をあと10人増やしてほしい」

19年度に届いた要求に、損保ジャパンの営業部門は肝を冷やす。

「増員できなければ他社に出向を求める」

損保ジャパンの足元を見て、手のひらで踊らせるような要求だった。危機感を抱いた営業部門は慌てて人事部に申請を出したが、「すでに複数出している」と断られた。仕方なく営業部門内でやりくりし、何とか10人を確保したという。

出向者のおおよその仕事内容はこうだ。[*12]

日曜日夕、月~金曜日に訪問する店舗を指示するメッセージがBMからLINEで届く。1週間同じ店舗に通うこともあれば、複数店舗のときもある。出向者は店舗近くのホテルに宿泊する。1週間通しの場合、営業部門であれば、座学研修を開き、自動車保険の付保率を向上させる営業トークを教えたり、成績の悪い従業員に個別に指導したりする。

BP部門であれば工場の工員に事故対応のフローを教えたり、フロントスタッフに写真の撮影方法や損傷診断について教えたりする。

SOMPOホールディングス(HD)の社外調査委員会は出向者が不正請求に関与した証拠はなかったとし、「意図的に関与する動機が乏しい」とも指摘した。[*13]だが、筆者が取材したBMの現役従業員は損保ジャパンの出向者の実名を挙げ、「『こうすれば多めに請求できる』と写真の撮り方を教えている姿をみた」と証言している。出向者の多くはBMにすり寄っていたといい、「工場長へのご機嫌とりのためではないか」と推測する。

損保ジャパンだけか

「経済3団体」の一つ経済同友会のトップまで輩出した名門損保の損保ジャパン。売上高にあたる正味収入保険料は2兆円を超える。一方のBMは急拡大しているとはいえ、数ある代理店の一つにすぎない。なぜ、ここまで過剰な配慮をみせたのか。

それには固有の事情がある。

1998年に保険料率の設定が自由化され、損保業界は競争が激化。相次ぐ再編の末、「4強」が競う構図ができた。東京海上、三井住友海上、あいおいニッセイ同和損保、損保ジャパンの4社だ。

なかでも旧財閥グループの力が他と比べて強くない損保ジャパンは、業界内では「ドブ板営業」でのし上がってきたと評価されている。

自動車保険は各社の収入保険料の過半を占め、業界の「主戦場」でもある。自動車メーカーの正規ディーラーは東京海上が強いのに対し、中古車販売店は損保ジャパンが攻勢を掛けていたチャネルだ。なかでもBMは、損保ジャパンに年間120億円の保険料収入（2022年度）をもたらす大口の取引先。トップシェアの座を、みすみす他社に奪われるわけにはいかなかっ

BMへの入庫誘導シェア　大手損保の内部資料より筆者作成

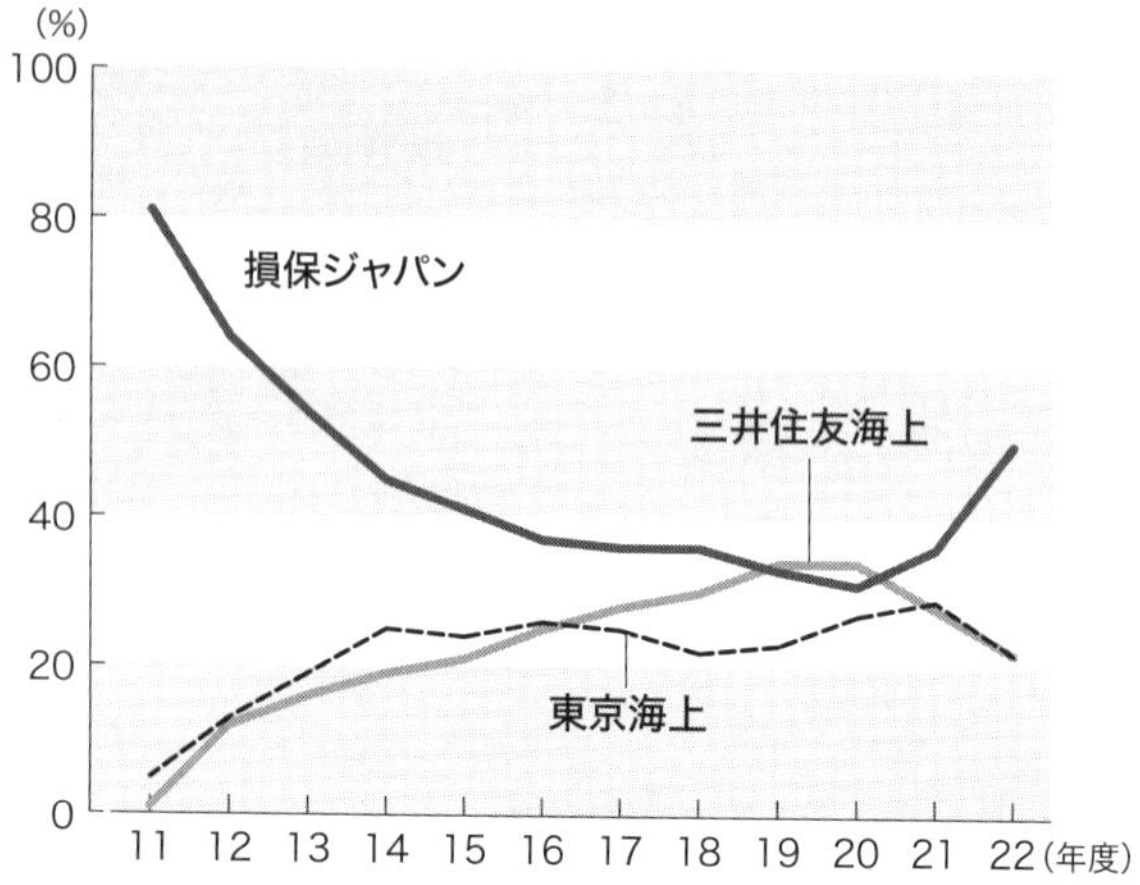

た。

損保ジャパンは、完全査定レスを導入したり、大量の出向者を送り込んだり、あらゆる手段でＢＭを優遇した。

だが、東京海上や三井住友海上も負けていなかった。

自賠責欲しさに、入庫誘導の数を必死に増やした。「配分ルール」が始まる前の13年度には東京海上は１９８６件だったが、16年度には５４０９件、最も多い年の21年度には９８６４件を紹介した。同じく三井住友海上は13年度に１７０１件だったのが、16年度に５１８１件、最も多い19年度で９２９１件を紹介していた。[*14] この年度から2年連続、入庫件数で損保ジャパンを抜いている。

2社の攻勢を受け、損保ジャパンのシェア

は次第に下がっていった。さらに危機感を持ったのが「テリトリー争奪戦」での手痛い惨敗だ。

ＢＭは自賠責について配分ルールで競わせる一方で、任意の自動車保険については「テリトリー制」をとった。顧客に提案する自動車保険の保険会社を店舗ごとに1社指定する仕組みで、ディーラーなどでも一般的である。

急速に店舗拡大を進めるＢＭ。損保にとって、新規店舗の「テリトリー」を獲得できるかどうかは、営業部店の月間売上に大きく跳ね返る。

損保各社の「垂涎《すいぜん》の的《まと》」であり、「うちはこんなこともできます」とＢＭ詣でを繰り返す。損保ジャパンがほぼ独占してきたが、18年にはテリトリー獲得率が半分を下回ってしまい、営業現場は震え上がった。

足元を見るかのようにＢＭが求めたのが、先ほどの「出向者10人」でもあった。

予兆

程度の差はあれ、各社が見返りのため、ＢＭにすり寄っていた。内部告発の前に不正の予兆はなかったのか。

損保ジャパンでは出向者が危険信号を何度か送っていた。[*15]

「入庫誘導はもう限界。見積もり額を高くする方法ばかり聞いてくる。出向者の引き揚げをお願いしたい」

２０１５年12月、出向者の一人は、こうした報告書を本社に送った。この頃、宏行の長男である宏一が取締役に就任したことでＢＭの重点戦略が売上アップにシフトした。修理代金をいかに引き上げるかについて策を巡らしていたという。

保険会社からすれば、不必要な支払いはもちろん望まない。「利益優先の企業文化が修理協定に影響を与えている」とし、付き合いを見直すべきだとまで進言した。

だが、損保ジャパンはむしろ出向者を増やしている。

20年には出向していたアジャスターが「修理項目を水増ししようとする会話も聞こえてきた。不正に関与するのは嫌だ」とＢＭ幹部に直談判し、担当を外れている。

同じ年、出向している別のアジャスターから詳細な情報がもたらされる。[*16] ＢＭ幹部が、全員が閲覧するグループＬＩＮＥで成績の悪い工場長を叱責しているとし、「何とか売上げを捻出しようとし、それが不正につながりかねない」という内容だった。工場の質が低いのにランク「Ｓ」で簡易査定とするから、歪みが生じている、とも警告していた。

他社も異変を感じ取っていた。

ＢＭシェア２位の三井住友海上は17年４月以降、ＢＭにアジャスターを３人出向させている。[*17]

彼らもグループＬＩＮＥの投稿内容などから、実際はリサイクル部品を修理に使ったのに新品として保険金請求した事案など複数の不適切な事案を把握している。工場のフロントが、損傷のない箇所に付箋をはり撮影する姿も目撃していた。

全国の損害査定部門を本社で統括する損害サポート業務部は遅くとも19年までにこうした情報を把握した。同年9月、同部の技術部長が東京・港区の六本木ヒルズに入るBM本社を訪問し、改善を求めている。

だが、BP部長から意図的なものではない、徹底的に厳しくチェックする、とだけ返され、その後も、同様の事案が相次いだ。そのたびに「作業員の出来心」「ヒューマンエラー」「現場とのコミュニケーション不足」といった言い訳ではぐらかされてしまった。

20年11月以降、ある店舗で損傷があるように見せかけ、不要な塗装費用などを請求する事案が頻発。三井住友海上のエリア担当がその工場に対し入庫誘導を停止する措置を講じようとした。するとBP部長が営業部門に対し「全店舗での自賠責保険の割り当てを停止する」と脅しをかけてきた。

慌てた三井住友海上は、すぐに入庫誘導の継続を決め、自賠責の割り当て続行を依頼。腰砕けというほかない対応をとってしまった。

21年1月から約1年4カ月間でBMに対する申し入れや指摘事案は310件に上った。

「とても満足できるレベルではない」と考えた、本社損害業務部門の幹部がBMの工場ランクを一律に下げる対応をとった。

一方、同社の営業部門は、自賠責の割り振りが減ることや、テリトリーを失うことを恐れ、BMに対して忖度するような行動をたびたびとっている。ある工場のテリトリーを獲得した支店の課長は、BMから「入庫誘導の台数が約束より少なく、早急に改善しなければ指名を取り消す」との通告を受けた。

「このままでは自賠責の割り当てに甚大な影響が出る上、信頼失墜により、今後、全店で店舗獲得がストップする」との危機感を営業担当者らと共有。担当者に「営業主管及び全国の営業に迷惑をかけないよう事故車の紹介台数を確保する」との主旨を述べさせている。

BMからの「他社に振り替える」といった脅しは強まっていく。21年11月には、三井住友海上側が「このまま（不適切な事案が）続くと紹介台数も増やせないし、関係を維持していくことが困難となる」とBMのBP部長に告げた。すると、BP部長は「（入庫誘導が）他社との比較で低調な状況であり、このままの状況では、自賠責保険や新店舗の推奨保険会社を割り当てることができない」との旨を言い返してきた。22年3月にBMを訪問し工場の品質改善を求めた際には、BP部長から「品質改善の指示を出すためには、定量的な目標と目標達成時のインセンティブが必要だ」と、逆に優良工場の指定を求められたほどだった。

酒々井工場の内部告発は、そんな状況下にもたらされたものだった。

三井住友海上で当時、損害調査部門を担当した元幹部はこう振り返る。

「何度も予兆がありながら、営業とのはざまで厳しい対応をとれなかった。うちも褒められたものでは決してない。ただ、BMも一枚上手で、よほど証拠を固めて外堀を埋めてかからないと言い訳で逃げられるだけだった」

内部告発は業界に共有されたものだった。しかも、車両を壊すという、明らかに一線を越えた内容も含まれていた。BMに対し、各社がまとまれば抜本的な改善を迫れるかもしれない。

「最大にして最後のチャンスだった」

損保ジャパンから見た景色

内部告発以降、どう対応するかを話し合ってきた損保3社。損保ジャパンは途中、消極的な姿勢を見せ、他の2社は一時、損保ジャパン抜きでの対応を真剣に検討した。ところが22年5月16日の「3トップ会談」以降、損保ジャパンは協調姿勢に転じ、6月には3社ともBMへの入庫誘導を停めた。めったに表に出てこないBMのドン、宏行との面談も実現し、調査への全面協力もとりつけた。

要請していた4工場への自主調査の締め切りは6月末。結果を受け取った後、BMにどう対応していくかが、今後の焦点になるはずだった。

だが、3社に亀裂が入り、損保ジャパンが単独行動に走っていくことになる。

きっかけはテリトリーだった。

「BM広島西店の担当を当社にて引き受ける」[*18]

損保ジャパンは突如、三井住友海上から通達を受ける。新たにオープンする店舗のテリトリーを三井住友海上がもらい受けたとの内容だった。同社の自動車保険だけがこの店舗で顧客に提案されることを意味する。

3社でBMに対し厳しい姿勢で臨んでいるまっただ中に、何とも不可解なものだった。

損保ジャパンは情報共有のお礼を述べただけで、特段の反応を見せていない。

だが内心は穏やかではなかったようだ。

三井住友海上は表向きBMに厳しい姿勢を装うが、我々のシェアを奪いに来ているのではないか——。本来はライバルである他社の唐突な行動に、恐怖にも似た不安を抱いた。

この疑念は、時が経つにつれ肥大化していくことになる。

6月22日、専務の中村茂樹が、BP部門担当の取締役と面会。自主調査の結果を報告した後の対応について協議した際も不穏な情報に触れた。

中村　「今後は外部有識者を入れた調査委員会の設置が必要だ。すべての工場の調査が必要になる」

聞いていた取締役は、思いもよらぬ内容をつぶやいた。

「調査対象を4工場以外に広げないでよいと言っている会社もある」

中村は耳を疑った。3社一丸となって対応しているなか、本当であるならば抜け駆けともとれる行動。その会社とはどこか――。翌日、中村の部下であるモーターチャネル営業部長らが改めてBMを訪れると、先ほどの取締役は「三井住友海上」の名前を挙げ、「早期幕引きを希望している」とも語った。

――（BMの調査に当たっている損害部門の）技術部長の発言か？

「その上の○○部長だ」

驚く営業部長に対し、たたみかけるように今度は部下のBP部長がささやいた。

「広島西店のテリトリーを三井住友海上にしたのは我々の打診ではなく、同社の営業担当からの依頼だった」

損保3社は「BMが自主調査中は新店に対して提案行動は行わない」と事前に取り決めていた。「許しがたい出し抜き行為だ」。憤る損保ジャパンにとって追い討ちとなる情報がもたらされる。

自主調査の報告期限が2日前に迫った6月28日。BP部長と損保からの出向者らで懇親会が持たれた。BMに社員を送っているのは損保ジャパンと三井住友海上の2社。

そこでBP部長は損保ジャパンの出向者に「7月から自賠責をあいおいニッセイ同和損保に割り振る」とささやいた。

出向者は、思いも寄らぬ名に驚いた。

あいおいは、業界4位の損保。損保ジャパンにとって最大のライバル会社である三井住友海上と同じくMS&ADホールディングスに属する。BMのシェアが低く、大手3社の枠組みには入っていなかった。

この出向者は翌日、BP部長が全国の工場長らに送ったLINEも入手。そこには「BP工場のある皆さんの店舗は7月の自賠責をあいおいで発行させてください！」とあった。

出向者を通じて事態を把握した損保ジャパンは、突如出現したあいおいの名前に恐れおののいた。何より三井住友海上の兄弟会社であることが決定的だった。BMに対して「早期幕引きを希望している」とささやき、抜け駆けのようにテリトリーを拡大させようとしている。そのうえ、停止させられた自賠責を兄弟会社のあいおいに取らせて勢力図を塗り替えようとしている——。これが、損保ジャパンの見立てだった。

動揺を見透かしたようにBP部長がこの日、3社を呼び出す。

3社は、公正な調査委員会の設置と追加調査を要請した。だが、BP部長の言動は、社長の宏行が見せた協力姿勢とは異なるものだった。

「他の修理工場でも同様の不適切な事案が出てくると認識しているが、調査委の設置によって調査範囲が拡大することや、調査が長くなるのは避けたい」

損保ジャパン関係者によると、三井住友海上側が「2週間で調査が完了する調査委員会であれば設置は可能か」と譲歩するような提案をすると、BP部長がすかさず「それであれば採用すべきだ」と応じた。BP部長が「今回課題となったのと同様の事象が全国に広がっていると思っている」と述べると、三井住友海上側が「では調べても、4工場と同じ課題が出てくるだけということですね」と応じた。

この言動が「追加調査は不要」と言っているかのように聞こえてしまう、と危惧した損保ジャパンの担当が「調査の長期化を避けたいということだが、そもそも何年前から不適切な請求があるという認識なのか」と尋ねた。

すると、BP部長の態度が豹変。「何年前の事案まで調べろというのか!」「本日はもう話したくない、全員帰れ!」と激高し、話し合いは打ち切りとなってしまった。

損保ジャパンは代申社として3社を代表してBMに臨まなければいけなかった。社長との面会でも、3社の意向を伝えたのは損保ジャパンの中村だった。三井住友海上は表向きBMに対し毅然とした対応をすべきと主張するが、矢面に立たざるを得ない損保ジャパンとBMの関係に亀裂をつくり、火事場泥棒的にシェアを奪おうとしているのではないか——。

損保ジャパン保険サービス企画部長の大倉岳は、「三井住友海上から抜け駆けともとれる発言があった」「BMが、三井住友海上のグループ会社であるあいおいに自賠責を振り分けた」などとする内容を社長の白川儀一ら関連役員にメールで共有している。

営業が長い白川にとって、ライバルにシェアを奪われる恐怖は本能に近いものがあったのかもしれない。「他社が突出した対応をしないかどうか十分注視するように」と返信している。

三井住友海上から見た景色

「抜け駆け」「勢力図の変更」。損保ジャパンから見た景色は、三井住友海上側から見ると一変する。

まず広島西店の引き受けについては、BM側からの打診だったという。[*19]

同社が入庫誘導を停止した2日後、BMのBP部長が「将来的に関係が改善した際には、広島県や岡山県周辺の事故車両を紹介してもらいたい。今度オープンする広島西店の担当を御社に引き受けてほしい」と三井住友海上の店舗担当者にささやいた。

店舗担当は首をひねった。

報告を受けた法人営業担当の課長は、BMの常套手段だと理解していた。常日頃、他損保を引き合いに出して条件交渉をしているのを見聞きしていたからだ。しかも、BMが話す他社の動向は実際と異なることが多かった。ただ、営業部門にとってみれば悪くない提案だった。損害調査部門には「ありえない」と憤る幹部もいたが、力関係の差も大きくBMの提案に乗った。

とはいえ、「入庫誘導の再開見通しは伝えられない」「今後の調査に影響しない」という確約をBMから取った。あらぬゆさぶりに利用されないよう、損保2社に対し「BM側から打診があった」と「仁義」も切った。

次に、BP部長が発言したとされる「三井住友海上は早期幕引きを希望している」との甘いささやきが事実かどうか。同社調査委員会はそうした事実は確認できなかったと結論づけている。BP部長も調査委のヒアリングに「(6月29日の時点では)自主検証にかかる報告書すら提出していない段階であり、どの保険会社も単独で『早期幕引きを希望』したり、『抜け駆けとも受け取れる発言』や『BMにおもねるような提案』をしたり、といった対応ができる状況にはなかった」との旨を話したという。

あいおいとの連携も三井住友海上にとってありえないことだった。両社は同じグループだが、現場ではシェアを争う関係で知られる。「経営統合した意味があるのか」と指摘されるほど、同じグループという意識が希薄なのだ。

実はこの頃、あいおいでは3社とは別に、タイヤにわざと穴を開け、保険金を水増し請求するという事案がBMで発覚していた。パンク補償の保険を扱っていたのがあいおいだった。B

Mはこの商品の販売を停止し、あいおいも独自に7月1日から入庫誘導を停止していた。BMが自賠責をあいおいに割り振った理由について、先ほどの調査委のヒアリングにBP部長は「あいおいに迷惑をかけたお詫びだった」と説明している。

三井住友海上の担当は損保ジャパンから「あいおいが不穏な動きをしていないか懸念している。あいおいは将来に向けての提案もしたようだ」と電話を受けている。三井住友海上側が、あいおいに事情を確認すると、同社役員から「BMの自賠責の割り当てを得るために動くことはあり得ない。将来に向けての提案もあり得ない」「あいおいとしても独自に調査中で8月上旬までに終え、BMに自主調査を求める方針である」との回答を得ている。この内容を損保ジャパンにも伝えており、その際、同社担当から感謝を示す返信まで受けている。

被害妄想にも近い損保ジャパンの疑念が、白川ら経営陣にまで共有された理由について、三井住友海上は社内の検証資料で、皮肉たっぷりにこう分析する。

「BMは各損保を動かすために、ブラフ（偽情報）を伝えてくるのが常套手段だった。損保ジャパンがBMから偽情報を伝えられた際、当社は事実ではないと説明した。にもかかわらず、本当は入庫誘導を早期に再開したい営業が、その情報をホラーストーリーに仕立て、あるいは妄想して、経営へ上げたと考えられる」

入庫停止から決定的な対立までの2週間あまり。2社の言い分は異なり、取材する側にとって何が正しいのか、わからなくなることも多かった。一つの殺人事件について登場人物が次々に異なる証言をする、黒澤明の映画「羅生門」を観ているようだった。

「わからねえ…さっぱりわからねえ」。冒頭、志村喬《たかし》が演じる杣《そま》売の男がつぶやく。物語の中盤、下人の男がこう言う。

「いったい正しい人間なんかいるのかね、みんな自分でそう思っているだけじゃねえのか。人間って奴は、自分に都合の悪いことは忘れちまって、都合のいい嘘を本当だと思いこめるようにできているらしいぜ。そのほうが、楽だからね…ハハハ」

損保ジャパンはこの後、BMの自主調査報告書が改ざんされている重大な証拠を摑みながら、その事実を隠蔽し、入庫誘導の再開を判断する。

まさに「都合の悪いことを忘れ、都合のいい嘘を本当と思った」結果だった。

重大な情報

三井住友海上との不和が決定的になった2022年6月29日。損保ジャパンは、こんどは調査に関して驚愕の情報を出向者から入手する。[*20]「組織的な不正がなかったかのようにBMが調査結果を改ざんしている」とするものだった。

先述したように、4工場への自主調査はBP部長の意向で損保の出向者が担っていた。酒々井、ひたちなか、つくばの3店舗を損保ジャパン、熊谷を三井住友海上が担当していた。

出向者らは、部品伝票と見積もりの突合や、損傷箇所を撮影した写真と作業指示書の確認のほか、工場の工員らにも聞き取りを行った。

6月下旬、多摩工場に集められた出向者は担当工場の調査結果を報告した。作業内容の偽りや未使用部品の上乗せといった不正の手口を記していた。すると、BP部長は表現ぶりのみならず、実質的な改ざんを出向者に指示した。

問題の端緒となった酒々井工場については例えば「チェーンがけは自分は行っていない。確かその部位に損傷と呼べる程のものは無かった。フロントからそのように指示されて日常的に行われている。(中略)こういうことが多いので辞めていった作業員も多い。前から言っているのに変わらない」と記載していたが、BP部長が削除を指示。「指示はない」との内容に改ざんされた。

さらに、出向者はBP部長から無慈悲な指示も受ける。改ざんした調査内容を告発者の一人である兼重誠に見せ、サインを取り付けて来い、というものだった。出向者は憤慨しつつも従った。損保ジャパンの後の社内調査に「逆らえる雰囲気ではなかった」と話したという。

同社のこの社内調査によると、誠に対し、出向者が「上司から不正の指示があったということはBP部長に言った」と伝えながらサインを促すと、「それならいいです」と応じ署名したという。

だが誠は「不正の指示はなかった」とする文書の署名について、「中身を確認する機会はなく、『対象となった車を調査したかを確認するため』と説明され、サインを求められた」と後に話している。[*21]

改ざんと知りながらサインを迫った出向者を責める見方もある。だが、ＢＰ部門の絶対的な存在として工場長や従業員、そして出向者らをも威圧するＢＰ部長に対して物が言える状況ではなかった。

損保ジャパンの先ほどの社内調査でも、出向者らは独特な雰囲気を次のように語っている。

「ＢＭは上意下達が強く、反対意見が言えない社風で、出向者には暴言こそないものの異論を受け付けない」

「ＢＭ本部全体がＢＰ部長の暴言を受忍している社風であったが、他社のことなのであえて波風を立てなくても良いかと思い進言できなかった」

それでも先の出向者は意地を見せる。

ひそかに改ざん前の調査結果をＵＳＢメモリーに保存し、改ざん後と併せて損保ジャパンの営業担当課長にメールで送信したのだ。決死のメールは、営業や法務、支払い部門、調査部など多方面へ速やかに共有された。

そして翌日の6月30日。自主報告の期限となり、BMから正式な自主調査の報告書が届く。①過剰請求だったが不正ではない②故意でなく過失が原因③組織ではなく個人の責任、の三つを柱とした。

「ヒューマンエラーだったので教育を徹底する」といういつもの論法で済ます意図が透けていた。だが今回はこれまでと次元が異なる。調査内容を改ざんしており、明らかに一線を越えるものだった。そしてその決定的な証拠までつかんでいたのだ。

報告書が届いた直後、BMから営業担当専務の中村への面会アポが入る。

相手は、社長の宏行だった。

「組織的な不正はなかった」と結論づけたBMはここでトップを前面に出し、これ以上の調査をやめさせ、入庫誘導を迫るとみられた。

どう対応すべきか——。損保ジャパンの命運を分ける面談は7月11日に設定された。

わずか30分の会議

22年7月4日には、改ざん情報が社長の白川らにも共有された。[*22] BMの自主調査は「工場長から不正な指示が状態化していた」とまとめられたが、最終報告書ではBP部長の指示でヒューマンエラーと書き換えられた、との具体的な内容がメールで報告された。

2日後の6日午前8時。専務の中村をヘッドに関連部の幹部らが打ち合わせを開いた。[*23]

「当社は厳しく不正を追及しており、三井住友海上が早期再開を模索しているという構図が、同社の立ち回りによってBP部長に印象づけられている。このまま代申社として前面に立って進めていくことでトップラインの毀損は避けられない」

「三井住友海上の船曳社長は今後、親会社の社長になろうと考えている。グループとして勢力図を変えに来ており、自賠責保険は月4・5億円があいおいに流れている」

中村はライバル損保に対する、ゆがんだ競争意識をむき出しにする。

一方、金融庁対応を担う調査部長の渡邉健司は「改ざんは一線を越えており、看過できない。BP部長にまずいと伝え、聞かなければ兼重社長に伝え、修正を働きかけるべきだ」、支払い部門トップの保険金サービス企画部長、大倉岳は「入庫誘導の再開には4工場の追加調査と、他の工場の調査は避けられない」などと発言。消極的ながらも、調査継続が必要との方針でおおむね一致した。

午前11時、本社会議室。打ち合わせ結果を受け、社長らと話し合う会議が持たれた。参加した役員は7人。社長の白川、営業部門担当の副社長、飯豊、執行役員の中田益見、営業企画部の重定祐輝に加え、先ほどの中村、大倉、渡邉が出席した。コンプライアンス部門の姿はなかった。

冒頭、中村が、ＢＭの自主調査報告書が改ざんされた事実とともに、入庫誘導を再開した場合のシミュレーションを報告。その後、声を張り上げた。

「代申社として前面で対応しているが、不穏な動きがある」

中村は改めて、あいおいに7月の自賠責が割り振られ、三井住友海上がＢＭへの追及の手を緩めている、との自説を披露。

「三井住友海上がＢＭに甘いささやきをしている。三井住友海上があいおいと連携していることは間違いない」とまで訴えた。「とても厳しい状況にあるが……」と言った後、他の工場への自主調査を申し入れたい、と付け加えた。

次いで大倉が、ＢＭの最終報告と、出向者を通じて把握した改ざん内容の違いを一覧にして説明し、「4工場への追加のヒアリングを求めるとともに、不正の情報があった工場以外にも調査の範囲を広げたい」と述べた。

ここで営業部門トップ、飯豊が消極的な発言をする。

「追加ヒアリングをしても自認する人は出ないのではないか。うまくいかなかった場合、ＢＭとの関係が悪化し、前向きに議論できなくなる」

賛否が割れる中、白川から思わぬ発言が飛び出した。

「事実としてはクロが推測されるが、ＢＭとして正式に出してきた報告の内容を覆すのは難しい。仮に不正の疑いをすべて一掃した上で取引を再開しても、ＢＭとは元の状態に戻れないだろう」

この発言で空気は一変、改ざんや不正の事実はどこかに吹っ飛んだ。

「お客様保護の観点で調査をしないことは説明がつかない。全国の工場の調査についてもやらないわけにはいかない」。大倉がわずかに反論すると、飯豊が「この状況でこれ以上過去の話を掘り返す必要があるのか疑問だ」と反駁。「プライドの高い兼重社長が当社に来ること自体、相当におきゅうは効いている」などとあさってを向いた発言をした。

白川は入庫誘導を翌々週にも再開した上で、損保ジャパンとしてサンプリング調査をすることを提案。「ＢＭの社長を信じるしかない」とも話した。

そして会議の最後に、白川はふと思い出したように妙な指示を出す。

「『ＢＭは付き合うレベルの会社ではない』とものすごいトーンで迫ってきた三井住友海上の舩曳社長が今、ＢＭの報告をどう思っているのか確認してほしい」

損保ジャパンの生死を分ける判断があっけなく決まった。

この間、わずか30分。

元々は、宏行の来訪の際の対応を話し合う会議だったが、その場の成り行きだった。

反対意見もあったが、内心ではほとんどの役員が再開したかったようだ。SOMPOHDの社外調査委は「再開の結論が出されることを想定していなかったものの、BMとの関係が維持される結果として、トップラインの毀損が避けられることから、安堵した者もいた」と指摘している。

事情を深く知らない白川に対し、他社に契約を奪われる恐怖をあおり、営業サイドに都合のよい判断をさせる。こんな思惑がなかったとは言い切れない。

修理工場ではこうした水増し請求が日常茶飯事であり、白川が「ワン・オブ・ゼム」として捉えたとする見方もある。[*24]

ただ、事故車への意図的な損傷に関する告発者の証言や、調査報告書の改ざんまで共有されていた。たとえ他の修理工場で不適切な行為が広がっていたとしても、BMの次元が異なるのは明らかだった。もちろん部下の報告の上げ方やトーンに問題があったのも否定できない。ある損保ジャパン幹部は比喩を用いて自虐的に説明した。

「うちでは、畑で引っこ抜いた泥つきのタマネギが、社長にはラッキョになって届く」

満額回答

会議から5日後の7月11日、BMのドン、宏行が損保ジャパンに来社した。[*25] 表に出ることがほとんどないBMのドンが損保を訪問すること自体が異例中の異例だった。すでに事務方レベルで①入庫誘導の再開②追加調査を求めない、という方針を伝えていた。中村が冒頭、改めて宏行にこうした方針を伝えると、宏行は穏やかな口調で語り出した。

宏行「代申社である損保ジャパン主導で入庫誘導の停止を他社に広げていたと誤解していた。お詫びする」

中村「内部告発以降、当局や協会、他社動向などさまざまな観点から代申社として慎重に進めてきた」

宏行「今回の不正請求疑義についてとても悔しい思いである。二度と発生させないための態勢を早急に整えたい」

ＢＭ側すら、ここまでの譲歩は想定していなかったようだ。ＢＰ部長は損保ジャパン側から再開を打診された際について「想像していなかったため驚いた」と後に語っている。[*26]

願ってもない「満額回答」に満足したのか、宏行は会談の最後にこう述べている。

「今後も当社の最大のパートナーとしてやっていく。今月、オープン予定の２拠点のテリトリーは損保ジャパンにお願いしたい」

損保ジャパンは７月25日、ＢＭへの紹介を再開した。その後も不正は続き、損保ジャパンの契約者の被害は拡大していった。

損保ジャパンが2022年7月下旬から8月中旬までのBMからの請求を調べた結果、不要な修理や、中古部品を新品と偽って見積もるなどの例が続出。[27] 不正、または、不正が疑われる請求が全体の6割超にのぼったという。9月中旬にかけては減っていったが、それでも不正が疑われる請求が3割超を占めた。

再開から1年余り後の23年9月、経営判断の責任を取り、白川は社長辞任を表明した。会見では「BMを選ぶ人たちのためにも一日も早い品質改善、再発防止を打つ必要があると思った」と説明。取引再開と引き換えに、再発防止策の徹底をBMに求めたというが、実効性は乏しかったと言わざるを得ない。

この会見で白川はこう悔いている。

「ビッグモーターとの関係を重視する一方、最も大切にすべきお客様への思いが至っていなかった」

＊1　ビッグモーターHP、兼重宏行の親族への取材（2024年1月20日）。
＊2　SOMPOホールディングス（HD）23年9月8日会見資料。
＊3　損保ジャパンが金融庁に報告した情報。
＊4　損保ジャパンが金融庁に報告した内容の情報。

＊5　SOMPOHD社外調査委員会「調査報告書」p13〜14。
＊6　筆者が入手したBP部長のLINEメッセージ。
＊7　SOMPOHD社外調査委「調査報告書」p21〜25。
＊8　SOMPOHD社外調査委「調査報告書」p56。
＊9　「AERA dot.」23年9月1日配信記事、同じ男性社員を取材（24年3月7日）。
＊10　SOMPOHD社外調査委「調査報告書」p56。
＊11　SOMPOHD社外調査委「調査報告書」p28。
＊12　損保ジャパンが金融庁に報告した情報。
＊13　SOMPOHD社外調査委「調査報告書」p28。
＊14　大手損保の内部資料。
＊15　損保ジャパンが金融庁に報告した情報。
＊16　SOMPOHD社外調査委「中間報告書」p8。
＊17　三井住友海上調査委員会「調査報告書」p7〜18、複数の三井住友海上関係者への取材（23年9月〜24年1月）。
＊18　この節は主に損保ジャパンが金融庁に報告した情報や複数の損保ジャパン関係者への取材（23年9月〜24年1月）。
＊19　この節は主に、三井住友海上調査委「調査報告書」p21〜24や複数の三井住友海上関係者への取材（23年9月〜24年3月）。

＊20　この節は主にＳＯＭＰＯＨＤ社外調査委「中間報告書」ｐ14～15、損保ジャパンが金融庁に報告した情報。
＊21　朝日新聞23年9月3日付朝刊。
＊22　この節は主にＳＯＭＰＯＨＤ社外調査委「中間報告書」ｐ17～19、損保ジャパンが金融庁に報告した情報、複数の損保ジャパン関係者への取材（23年9月～24年1月）。
＊23　損保ジャパンが金融庁に報告した情報など。
＊24　「週刊東洋経済」24年1月27日特大号。
＊25　この節は主に損保ジャパンが金融庁に報告した情報。
＊26　三井住友海上調査委員会がＢＰ部長をヒアリングした内容について同社関係者を取材（23年11月29日）。
＊27　損保ジャパンが金融庁に報告した情報。

第三章
SOMPOHDの転落

「未来志向の対応にかじを切る」

2022年7月14日午後6時、損害調査と営業部門の担当課長が参加するオンライン会議で、損害保険ジャパンはビッグモーター（BM）への入庫誘導を再開させる方針を他社に初めて明らかにした。[*1] 会議に参加した東京海上日動火災保険と三井住友海上火災保険の担当者は耳を疑った。

BMが6月末に報告してきた自主調査結果は「組織的な不正の指示はなかった」とする内容だったが、従業員の証言を改ざんしたものだった。3社は真相を把握しており、本来は一枚岩となり、BMへの入庫の停止を続け、追加の調査を求めるのがスジだった。

だが、損保ジャパンはBMシェアがトップの代申社という立場であり、初めから消極的ではあった。不正を黙認するような判断は明らかに一線を越えていた。

「社長の兼重宏行がすでに謝罪している」「再発防止策への言及もあった」「これ以上は有力な証拠が得られない」……。損保ジャパンの担当者は追加調査を否定する根拠を挙げていった。

「第三者委員会による調査はかなりの時間が必要だ」と述べ、「BMのBP（板金・塗装）部門の維持が困難となり、600人程度の従業員が解雇につながる恐れがある。レピュテーションリスクと考えている」と驚くような理屈も述べた。

質疑応答では、異論が相次いだ。

東京海上　「BMのBP部門の存続に関するレピュテーションに言及があったが、お客様対応に関するレピュテーション・リスクが最も重要なのではないか」

損保ジャパン　「2次調査を行うことで対応遅延の指摘を受ける恐れがある。未来に向けて速やかに対処することでそれを未然に防ぐ」

東京海上　「BMの従業員を守ることをお客様対応よりも優先するというのか」

損保ジャパン　「BMの従業員を守ることだけを前提に考えているわけではない」

東京海上　「告発者が署名した調査報告書は改ざんされた可能性が高い。信憑性があると判断しているのか」

損保ジャパン　「本人が署名しており信憑性があると判断した」

　実際には損保ジャパンの出向者がBP本部部長（BP部長）に命じられ、告発者に対し、虚偽の内容の報告書にサインさせただけだった。損保ジャパンは、この事実を社長の白川儀一まで共有している。

「経営陣にリスクを正しく伝えられているのか」「顧客、社会、当局に適切に説明できるのか」。損保ジャパンの豹変に、2社の不信感は増した。

東京海上　「過剰な修理費請求があるなか、顧客対応はどうするのか、どう案内するのか」

損保ジャパン　「顧客への対応は未整理で今後検討する。顧客への案内は行わず、その理屈は今後考える」

ＢＭの不正疑いでは、保険金の水増し請求のために顧客の愛車にわざと傷をつけるケースも伝えられていた。一番の被害者は自動車ユーザーである。そうした人に対し、事実を伝えず、むしろ隠蔽をはかるかのような言動だった。

「結論ありきということだったのか」

東京海上の担当者がなおも追及するが、損保ジャパン側は「これまでの整理と整合しない点があることは承知している」と答えるだけだった。

続いて三井住友海上の番となったが、諦念すら感じさせた。

三井住友海上　「うちと東京海上だけで2次調査を行う場合、ＢＭが非協力になる恐れがある。その場合に代申社として協力してもらえるか」

「3社一丸」は当初からの同社の問題意識でもある。自社だけでＢＭを攻めた際に詰め切れなかった忸怩たる思いから来ていた。

損保ジャパン　「協力できるところがあればするが、検討に至っていない」

三井住友海上　「ＢＭの自主調査の結果をもって全容解明に至ったという考え方は疑問である。回答はしなくてよい」

7月22日午後2時、東京海上と三井住友海上の担当者らは再び千葉市内のジョイフルにいた。

告発者の一人、兼重誠に近況を伝えるためだった。[*2] 単独行動を取りだした損保ジャパンの姿はなかった。

「現場では近々、入庫誘導が再開されるというウワサがあるが、そんなはずはないだろう？」

と話す誠に対し、2社は「損保ジャパンはもしかすると改善策が固まった段階で再開させるかもしれない」と説明。「我々としては、まずは原因究明をしっかりやらないと再発防止策に持っていけないと考えている。兼重社長との対話を継続する」と話した。

このとき、「改ざんされた調査報告書にサインしたのはなぜか」と損保側が問うと、誠は「何か記載された紙を示されたが、内容は読んでいない」と返したという。

やはりあのサインに真実味はない――。2社の担当者はそう確信した。

損保ジャパンが入庫再開をしたのはその3日後だった。

蜜月の終わり

2022年8月、損保ジャパンが入庫誘導を再開したことで、BM工場には続々と事故車両が届いていた。だが、東洋経済新報社の一本の記事をきっかけに事態は大きく動き出す。

「保険の『不正請求疑惑』めぐり大手損保が大揺れ」とのタイトルで配信され、「ビッグモーターの自主調査や独自のヒアリングなどを基に、同社の主張をほぼ鵜呑みにするような形で、組織的関与はないと早々に結論づけてしまっている」などと損保ジャパンの問題点を指摘した。[*3]

筆者の中村正毅記者は日本経済新聞社出身でダイヤモンド社に転職。保険業界に強く、当時は東洋経済新報社に籍を移していた。BMをめぐる損保業界の動きに関し、最もスクープを放った特ダネ記者である。

中村の一撃を受けて以降、損保ジャパンはあれよ、あれよと転がり落ちていく。BMへの過剰な配慮は、「未来志向の判断」から「リスクの塊」へと変貌した。

9月3日、社長の白川儀一、営業担当の副社長、飯豊聡、同専務の中村茂樹らが話し合った会議は、2カ月前にBMへの入庫再開を決めた際の雰囲気と打って変わった。[*4] 白川が追加調査を検討するよう指示を出すと、中村も同意。飯豊にいたっては「組織的関与の有無まで突っ込んだ過去の分の調査をすべき」と主張した。前回の会議で「これ以上過去の話を掘り返す必要があるのか疑問」とのたまった人物とは思えない豹変ぶりだった。

「再発防止の徹底を優先した措置が世間に誤解されて伝わる可能性が高い」との理由で、あれほど血眼になって追い求めた自賠責の契約について、他社にシフトしてもらうようBMに申し入れることも決めた。

数日後、弁護士帯同での追加調査を独自に進めていた東京海上が、酒々井工場でこれまでの告発者とは別の工員から「不正の指示があった」との証言を得た、という情報が入る。損保ジャパンの担当者が慌ててBMに問い合わせると、BP部長はその事実をあっさりと認めた。

窮地に立たされた損保ジャパン。9月11日には専務の中村が急遽、滋賀県内のBM店舗を訪れ、BMのBP担当取締役と面談。他社への自賠責のシフトと追加調査の方針を伝えたうえで、宏行との面談を懇願した。

この後、取締役の部下であるBP部長から連絡が来た。自分を飛び越してやりとりしたことに激高し、罵詈雑言を浴びせてきた。

だが、血の気の引いた損保ジャパンにとって、BP部長の脅しが効くようなフェーズではもはやなかった。

翌12日朝、中村は東京・港区の六本木ヒルズに入るBM本社を訪問し、祈るような気持ちでドン、宏行との面談を待った。だが、直前になり面会を拒否されてしまった。

その2日後、損保ジャパンはBMへの入庫誘導を再び停止。「最大のパートナー」とまで言わせた両社の蜜月関係はこの瞬間、終わった。

ただ、宏行は良心の呵責《かしゃく》を感じたのだろうか。損保ジャパンの追加調査に全面的に協力する姿勢を示すとともに、BP部長を通して次のようなメッセージを伝えている。

「これ以上、迷惑をかけられない」

BMの陥落

2023年になると、ワイドショーや週刊誌が、BMの悪行を次々と暴露していった。全国各地の従業員による告発も相次いだ。それだけ社内の不満がたまっていた証左ともいえる。

ゴルフボールを靴下にいれて事故車をさらに破壊するという驚くべき手口から、副社長の兼重宏一が部下に送った「死刑死刑死刑死刑」とのLINEメッセージ、街路樹が不自然に枯れているという奇妙な現象まで、話題に事欠かなかった。

先述したようにBM工場に事故車が持ち込まれると、①フロントが修理箇所を特定する②PT部門が修理作業の内容を決定し保険会社に初期見積もりを送る③工員が指示内容をもとに修理する、という流れになる。BMはこの工程すべてで不正を働いていた。[*5]

工場長への厳しいプレッシャーも明らかになった。

先述したとおりBMは、修理の工賃と部品の交換から得られるもうけの合計額を「@（アット）」と呼び、その額を1台あたり14万円前後にするよう工場に対し課していた。少額な修理もあるなか、平均額として14万円を求めており、かなりハードルの高いものだったという。

達成できない工場長は、会議で厳しく問い詰められたり、降格処分となったり追い込まれる。出世欲から車両を自ら破壊したり、部下に命じたりして営業成績の向上を図る工場長もいた。

BM特別調査委員会は、酒々井工場の工場長をこのケースと認定している。

告発者である関拓人ら酒々井工場の従業員を苦しめたこの工場長は、不正の動機について「副社長からの圧力だった」とし、「数字を出さなければ降格処分にされたり、ぼろくそ上から言われたりする」と先述した動画で語っている。一方で、成績が上がれば給与も増えるので「お金にも目がくらんでやってしまった」と悔いた。当時、数千万円の年収を稼ぐ工場長もいた。

ちなみに、「ゴルフボールを靴下にいれて振り回して損傷箇所を増やす」という行為については自分が思いついたとし、「実際には靴下ではなく軍手です」とも述べている。

副社長である宏一の強権人事も浮き彫りになった。

調査委の報告書によると、20～22年の3年で延べ47人の工場長が降格処分を受けている。環境整備点検での不備が主な理由だったという。

処分は「見せしめ」のように、社内のネットシステムで掲示された。降格すれば基本給が大幅に減り、経済的な痛手を被る。地方への転勤を短期で複数回強いられるケースもあった。

こうした「恐怖政治」によって、経営層に対し社員が過剰に忖度する企業風土が生まれた。外から見れば、街路樹を枯らすというのは狂気の沙汰だが、当事者にしてみれば現実的なプレッシャーに支配された末での行動だったのだろう。

BMに対して非難の声がわき起こり、きちんと説明すべきだという世論が高まっていく。

23年7月25日にはついにドン、宏行が会見を開いた。

宏行は会見の冒頭、「多大なるご迷惑とご心配をおかけし、深くおわび申し上げる」と謝罪。社長を引責辞任すると明らかにした。ただ、自身の不正への関与は「全くない」と否定。不正への認識を記者から問われると、むしろ社員の行いに憤った。

「調査報告書を見て耳を疑った。こんなことまでやるのかと愕然とした。現場に入ってよく見ていけばよかったなと。大切なお客様の車をお預かりし、修理する人間が傷をつけて水増し請求する。ありえんですよ。本当に許しがたい」

はじめから、どこかずれているように映った。その象徴が、ゴルフボールを使った不正の手口について問われた際のフレーズだ。「本当に許せません」と述べた後で、語気を強めてこういった。

「ゴルフを愛する人に対する冒瀆ですよ」

会見では2度、自身の甥である兼重誠が不正を直訴したにもかかわらずスルーしてしまった理由も問われている。宏行は苦渋の表情を浮かべ、「個人的な確執と思い込み、深く追及しなかった。あのときしっかりやっていれば良かったと本当に反省している」と釈明した。

会見の動画をみた誠は、複雑な心境を抱いた。[*6]

自分の訴えを真剣に聞いてくれれば、こんなことにならなかった。目の前の不正を許せなかったたけであり、会社が良くなることを真面目に考えた末の行動だった。

ただ何より、従弟の宏一のことが気になった。宏行と同じく引責辞任が発表されたが、会見には出席していなかった。なぜ宏一の姿がないのか、会見では記者からも問われていた。

宏一は不正の背景になった企業文化を生んだ張本人でもある。誠は当時、周囲にこう漏らしている。

「ごめんなさい、と一度、世間に頭を下げる必要があるのではないか。宏一を守っているようだが、彼に一生、引きずらせてしまう」

突然の辞任会見

23年9月7日。ジャニーズ事務所が、創業者、故ジャニー喜多川による未成年者への性加害問題について、初めて記者会見を開いた。喜多川の性加害を事実と認め、社長の藤島ジュリー景子が引責辞任したと明らかにした。マスコミ業界に影響力の強いとされる同事務所が瓦解していく、歴史的な日となった。

損保ジャパンと親会社SOMPOホールディングス（HD）が急遽、記者会見を開いたのはその翌日だった。

ジャニーズ事務所と損保ジャパンには共通点がある。同じコンサルティング会社が関与した点だ。その会社はＦＴＩコンサルティングで、米国ワシントンＤＣに本社を置くグローバルなコンサルティングファームの一つである。

名のあるＦＴＩであるが、ジャニーズ事務所が翌月開いた2度目の会見で「失態」を犯してしまう。記者会見で指名する記者と指名ＮＧの記者を顔写真付きで並べたリストを作成し、司会が持ち込んでいたことが発覚したのだ。事務所側は「ＦＴＩが独断で作成した」と明らかにし、ＦＴＩを早々に見限った。

もちろん損保ジャパンの会見にそうしたリストはなかった。不祥事会見は小手先の策略でどうにかなるものではない。どんなに取り繕っても、発表者の素が出てしまうものである。

損保ジャパンの場合はどうだったか。

会見は、東京・新宿、東京都庁の近くにある損保ジャパン本社で開かれた。地上43階、地下6階、白と茶色のツートーンカラーのいかめしいビルは、スカートをはいているように地上に向かうにつれ裾が膨らんだ形をしている。旧安田火災保険の「中興《ちゅうこう》の祖」、三好武夫が社長時代、「カネを惜しむな」と指示し、3年をかけて1976年に完成したという。

都心のど真ん中にある大企業の高層ビルだが、不思議なことに受付フロアはいつもひっそりとしており、取材で訪れるたび、どこか寂しい気持ちにさせられる。

だがこの日は違った。

9月8日午後2時半に会見の受付が始まると、機材を抱えたテレビ局スタッフや、記者らが続々と訪れ、受付フロアの奥にあるエスカレーターから2階の会場に入っていった。

会見を開いたタイミングは奇妙だった。

損保ジャパンは7月26日、弁護士らによる社外調査委員会を設置。8月7日には「客観性を高めるため」として、HDに設置主体を切り替えた。そして同月28日、記者会見の予定についてプレスリリースを出し、「社外調査委員会の調査の進捗をふまえ、（中略）会見は2023年9月末までに実施する」と明記した。調査の進捗具合からしても、会見は月末だと見られていた。

だがこの頃、損保ジャパンはすでに窮地にいた。

BMの不正疑惑が取り沙汰された当初はまるで「被害者」であるかのように立ち振る舞った。だが、損保ジャパンだけが入庫誘導を再開させた経緯の詳細が知られるようになると、批判の矛先はBMから損保ジャパンに向かった。信頼で成り立っているはずの金融機関での驚くべき所業に、社内外から厳しい目が注がれた。

会見の案内をマスコミ各社に通知した午前9時半までには、「白川儀一社長、退任へ」とマスコミが報じていた。

午後3時半、会見場のひな壇にあがったのは6人。HDからは、グループCEO兼会長の櫻田謙悟、グループCFO専務の濱田昌宏、グループCERO常務の石川耕治の3人、損保ジャパンからは社長の白川儀一、常務の山本謙介、槙絵美子の3人が登壇した。司会を務めたのは執行役でベテラン広報マンの新甚《しんじん》博史。グループのドン、櫻田があらかじめ用意された原稿を読み上げる形で会見は始まった。

「社外調査委員会の中間報告によって明らかになった客観的事実をもとに、9月末までに説明をさせていただくと予定していた。しかしながら、損保ジャパン社長の白川から、辞任の申し出を受け、指名委員会で議論の末、本日、SOMPOHD、損保ジャパン取締役会に正式に報告し、急遽会見の機会を頂くことになった」

櫻田は会場の熱気とは対照的に、落ち着いた口調で淡々と話していく。「大変ご心配、ご迷惑をおかけしている」「心よりお詫び申し上げる」と謝罪の言葉もあったが、どこか他人ごとのような印象を受けた。

櫻田の「読み上げ」の後、マイクが代わる。「本日はお忙しい中、突然お集まり頂き恐縮です」。櫻田と打って変わり、白川は苦悶の表情を浮かべながら語り始めた。

焦点の一つは、BMへの入庫誘導をなぜ再開したのか。損保ジャパンが再開の根拠としたBMの自主調査は、組織的不正がないかのように改ざんされていた。改ざんに損保ジャパンの出向者も関与していた。白川はこの事実を把握していたが、22年7月6日の役員会議で「調査の内容を覆させるのは困難」などと発言。これが決定打となり、ＢＭへの追加調査をやめ、早期の入庫再開を決めていた。

この致命的な判断ミスについて、初めて公の場で白川が語った。

「疑義の追及に時間をかけるよりも、今後の被害拡大を防ぐために、厳しい再発防止策の実行を条件にして、現状を改善させた上で入庫再開を行うことが、これから入庫するお客様にとっても、当社にとってもベターであると判断した」

記者会見で、記者の質問を厳しい表情で聞く損害保険ジャパン社長の白川儀一＝2023年９月８日

再発防止が重要なのは理解できる。だが追加調査をしない理由にはならないし、ＢＭの修理品質がよくなったかどうかを見極めることなく入庫誘導を再開する理由にもならない。再発防止態勢を整えさせることも実際にはできていなかった。

「未来志向」論は方便にすぎない。

白川がもう一つ理由に挙げたのが、「競合他社に現在の取引が大きくシフトする懸念」だった。22年度で、ＢＭの全取り扱い収入保険料２００億円のうち６割にあたる１２０億円を損保ジャパンが占めていた。結局、うまみを与えてくれる「お得意さま」を優先し、本当の顧客である契約者をないがしろにした、ということだった。

会見がこのタイミングだったのはなぜか。白川が語ったところによると、8月29日、辞意をCFOの濱田に伝えたという。

この日、NHKがニュースで「損保ジャパン社長 ビッグモーターとの取り引き再開促す発言」と報道。BMへの入庫再開が、白川主導の判断だったと世間に初めて明るみに出た。それまでは専務の中村茂樹が最も上位の決定者だと目されていた。

白川は社長室でこのニュースを見ていたという。[*7] 会見では「判断ミスで代理店、社員、お客様を不安にさせた。信頼回復に向けた第一歩を明確にするため、いち早い辞任が必要と判断した」と語った。

ただ、この会見で最も質問が集中したのは白川ではなく、グループのドン、櫻田に対してだった。3時間半に及んだ会見で質問した29人のうち12人が櫻田の責任やHDの組織的な課題を問うた。

櫻田には当初、自身に責任が及ぶことはないという自信があったようだ。

HDは毎月2回、「CEO定例ミーティング」を開いており、櫻田をトップに、損保ジャパン役員らも出席する。櫻田がBM問題の存在を知ったのは22年8月31日にあったこのミーティングの場とされる。損保ジャパンが入庫再開して1カ月以上経っていた。ミーティングの2日前、東洋経済オンラインが損保ジャパンの入庫再開の経緯をマスコミで初めて報じていた。ミーティングでは、白川が海外出張中だったため、常務の山本、保険金サービス企画部長の大倉岳が報告した。BMの調査報告書が改ざんされていた事実を伏せ、「組織的な不正とは見なせず、再発防止を前提に入庫を再開させた」などとする内容だった。

この際、櫻田は「本件は、BMのカルチャーによるものが大きいのでは」「不正の組織的関与がないといっても社内風土がそうさせているのであれば、組織的関与がないとは言い切れない」「コンプラ部門にアジャスターを送る程度では効果が期待できず、BMに社外取締役をしっかりおくなどガバナンスを強化して、カルチャーを変えるようなサポートをすべき」などとコメントしたとされる。[*8] 言葉だけ聞くと、きちんとした対応を促したようにも受け取れる。この事実が、櫻田の自信の根底にあったようだ。

櫻田がBM問題を把握した経緯について質問が出ると、司会の新甚は「経緯を濱田から」と振った。

濱田 「(櫻田が)初めて報告を受けたのは(22年)8月31日だった。(入庫誘導について)再発防止を前提に再開したと聞いた。9月15日の定例ミーティングで今度は入庫を再停止したと報告を受けた。以降、HDとしても適時適切に報告を受け、毅然とした姿勢でBMと相対していく、などの指示をしっかりしていく時期が続いた」

櫻田への的確な援護射撃だった。

「もっと早く報告してほしかった。報告を受けた後に（自分が）指示した内容どおりに動いてくれれば避けられたかもしれない。忸怩たるものがある」。櫻田は損保ジャパンを責めるような発言もした。

――櫻田氏も経営管理の責任がある立場だ。辞任の可能性はあるのか。

櫻田「私としてはHDのCEOとしてできる限りのことをやってきた。十分、不十分だったのかについては調査委員会のインタビューを受けておらず、その結果次第。少なくとも現時点で辞任の可能性はゼロだ」

――結果責任もあるのでは。

櫻田「調査委の結果を待たないと、現時点ではファクトがそろっていないので何ともいえない」

それでも記者から出処進退を問う質問は絶えなかった。櫻田は「くどいようだが」「繰り返しで申し訳ないが」などの表現を使い、同じ回答を繰り返した。声を荒らげることこそなかったが、眉間にしわを寄せ、眉毛はつり上がり、いらだっているのは明らかだった。

一方で、適切な経営だったのかについて問われると、持論である「パーパス経営」を嬉々として語った。

――企業文化は変えられるのか。

櫻田 「トップが叫べば企業文化が作れるものではない。社内、社外取締役とも徹底的に議論してきた。やはり今は、個人のパーパスが先にあり、会社のパーパスと一致させることが重要だ。私が入社したときは、会社のパーパスに個人の生活を合わせていた。いまはそれぞれのパーパスを一致させなければならない。この3年間、真剣にパーパス・ミーティングを続けてきた。エンゲージメントが上がったところもあるが、下がったところもある。だが、努力すれば文化は変わると思う」

「パーパス経営」

「パーパス」とは「存在意義」というような意味。企業がこの実現を経営の柱に据える「パーパス経営」が近年、経営者らの間で流行しており、櫻田は最ものめり込む一人だった。SOMPOHDは「〝安心・安全・健康のテーマパーク〟により、あらゆる人が自分らしい人生を健康で豊かに楽しむことのできる社会を実現する」というパーパスを掲げている。

意気揚々とパーパスを連呼する姿は、存在意義が揺らぐような不祥事を起こした企業グループのトップとは思えなかった。隣には、申し訳なさそうに壇上で縮こまる白川。対照的な姿は、櫻田への世間の反感と、白川への同情の声を高める結果となった。

会見を動画で見た、監督局が長い金融庁幹部は「彼は運転手じゃなかったね」との感想を語った。[*9]

CEOは最高経営責任者。この幹部の話すところによると、櫻田はバスの後部座席に乗っていて事故にあったのではなく、自身がバスの運転手として事故を起こしたのである。「知らされていなかったから責任はない」というような発想そのものがCEO失格。CEOはハイヤーの後部座席で新聞を読んでいるような存在ではないのだ。「逆にそういう意識で経営に向き合ってきたからこそ、13年以上もトップに君臨できたのだろう」と吐き捨てた。

ある意味で、対照的だったのがBMの宏行だ。

保険金請求の不正は把握していなかったと主張した点で櫻田と類似するが、「私の職務怠慢であり、深く反省している」とし、辞任の意向を明らかにした。創業者である彼にとって、「運転手である」という意識だけは持ち合わせていたのかもしれない。

いずれにせよ、この会見は櫻田のワンマンぶりをはからずも印象づける結果となった。

悲痛な叫び

損保ジャパンの社員の多くは今回の問題と関係なく、逆風のなかで歯を食いしばっていた。

彼ら、彼女らは会見をどう受け止めたのか――。損保ジャパンは社内でアンケートをとっており、2100を超える回答が寄せられていた。[*10]

目立ったのは、一連の不祥事がマスコミを賑わすなか、仕事のモチベーション低下やクレーム対応の大変さなど「悲痛な叫び」。次のような内容だったという。

「BMと全く関係ないほとんどの部署の人が大変な思いをしている。お客様や代理店から色々言われる。直接対応している我々社員のことも、もう少し考えてほしかった。表彰制度や成績、目標など数字について見直すべきだ。今、うちの会社の商品を売りたいという乗り合い代理店がいると思うか」（営業部門・50代社員）

「現場では日増しに他社からの乗り合い攻勢が激しくなり、営業活動も各メンバーが頑張ってくれているが、士気は徐々に下がってきている」（営業部門・30代後半社員）

「自分が選んだ会社ではあるが、モチベーションが著しく下がっている。転職活動を本格化し始めたという同期もちらほらと聞いている。1年目〜4年目くらいの若手職員が心配だ」（本社部門・20代後半社員）

「営業店はトップラインを追える状況にない。少なくとも増収に関する項目は見直しをお願いしたい」（営業部門・50代マネジメント職）

引責辞任を表明した白川は判断こそ誤ったが、会見では素直に反省する態度を見せた。一方で櫻田は「現時点で辞任の可能性はゼロ」と述べるなど、グループトップとしての意識や反省の念は感じられなかった。

社員も、そう感じたようだ。

アンケート全体の4分の1ほどで櫻田について言及があったといい、ほとんどは否定的なものだった。櫻田の態度や言動について「高圧的」「不誠実な対応」など厳しい言葉が並んだ。なかには「『パーパス』『エンゲージメントサーベイ』など一般に浸透していない言葉を多用するのは印象がいかがか。日本語の語彙が不足している」と、櫻田の「強み」を否定するような指摘もあった。

「櫻田CEOの態度・応対は会見の趣旨にそぐわない不誠実な対応だと感じた。なぜ櫻田CEOの態度・応対を現場にいる人たちが謝罪しなければならないのか。帰属先への愛やモチベーションが下がった」（営業部門・30代社員）

「記者会見の目的は当社の誠実さや反省を伝えることで理解、応援してくれる世論を増やすこと。白川社長は自身の立場で今お答えできることを真摯且つ正直に答えていた。一方で、櫻田CEOの応答は印象が悪く、目的に照らすと失敗だった。社員の立場では大変残念だった」（本社部門・30代後半マネジメント職）

営業部門でBMに関わる業務に携わっていると思われる50代社員からの憤りにも似た、経営陣への投げかけもあった。

「自分の勤務先がこのような状態に陥り悔しい気持ちで一杯だ。入社以来、お客さまのために誠心誠意尽くし、ブランド力向上に努めてきた。管理職になってからも『世の中のため、お客さまのためになることを全力でしてほしい』と部下を指導してきた。懸命に積み上げてきたものが全て崩れてしまった思いだ。自分の部署ではBMが営業数字に占める割合がとてつもなく大きい。苦情や品質改善事案が多く、懸命に指導しても一向に改善されないため、『将来的にパートナーには出来ない。保険料100億円を吹っ飛ばしても取引を止めるべき』と再三再四、本社に警告してきた。現場の声を真摯に聞いてくれていたらと、残念でならない」

社員らの切実な声は、櫻田ら経営陣にどの程度届いたのだろうか。櫻田はアンケート結果をみて「俺が悪いのか」と驚いていたという。[*11] だが、少なくとも同社幹部の何人かは相当強い危機感を持っていた。

筆者はある役員と向き合った。

「みんな櫻田氏に辞めてほしいと思っているのでは」。率直な思いをぶつけた。

この役員は数秒の沈黙の後、「功績も大きいが、櫻田はやはり長期政権すぎた。個人のキャラクターの問題も大きい」と苦虫を嚙み潰したように発した。「長く務めても立派な方はなかにはいるが、櫻田には弊害がいろいろ出てきている」

「櫻田の責任を社内で問えないのか」。筆者は遠慮せずにさらに聞いた。

役員は「残念ながら櫻田に対して、面と向かって物を言える人間がもはやうちにはいない」と諦観したように述べ、「みんな怖がっているだけだと思う」と付け加えた。

怖がっている？　思わぬ回答に戸惑う筆者に、役員は続けた。

「会社のガバナンスの状態は、僕ら自身が一番わかっている。櫻田が存在することの弊害が確かにあり、会社のために何とかしなければいけないこともわかっている。今の幹部連中の大半はそう思っているはずだ」

櫻田は会見で「自分が早く辞めることがグループ全体のプラスになるという議論には、少なくとも取締役会ではなっていない」と述べていた。櫻田はすでに「裸の王様」だったのかもしれない。

金融庁の因縁

政治家らもこの問題に強い関心を抱いていた。

2023年9月5日午後4時、東京・永田町の自民党本部。702会議室で「財務金融部会（財金部会）」の会合が非公開で開かれた。

自民党には総裁の下に政務調査会が置かれており、ここで党の政策がつくられる。責任者の政調会長は、幹事長、総務会長とあわせて「党三役」と呼ばれる。国政選挙のときには公約づくりを任され、重要政策では政府との政策のすり合わせも担う。

財金部会は14の部会のうちの一つ。普段は金融政策や金融機関に対する規制のあり方を議論することが多いが、この日は違った。

入手した議事録によると、冒頭、金融庁保険課長の三浦知宏がBM問題の概要を説明。その後の質疑応答では、議員らから苦言が相次いだ。

「まじめに頑張っている中小の修理工場が損をし、大手は損保から事故車の紹介を受ける。これはおかしな話だ」（赤池誠章参院議員）

損保業界の慣行である入庫誘導について問題視。損保はこれまで質の高い工場を紹介していると説明してきたが、実態は見返りに保険契約をもらえる大手工場を優遇していたのではないか、という指摘だった。

「今回のBMのような大手と一般代理店で差別的扱いはないのか。しっかり調べてほしい」（鈴木馨祐《けいすけ》衆院議員）

「大手代理店を損保が優遇する仕組みを見直す必要があるのではないか」（西田昌司参院議員）

金融庁の責任論も飛び出した。

「保険会社による出向や査定レスの導入を放置していたことへの責任は？」

答弁役に回ったのは金融庁監督局長の伊藤豊だった。

伊藤は東京大学法学部を卒業後、１９８９年に大蔵省に入省。96年から2年間、銀行課の課長補佐を務め、バブル崩壊後の金融危機への対応にあたった。財務次官の登竜門とされる財務省秘書課長を異例の4年間務め、森友学園問題にも対処した。２０１９年7月、金融庁総合政策局審議官に転じ、以降、同庁の幹部コースを歩んでいる。

そんなエースが率直に非を認めた。

「保険会社は査定を厳しくやるという前提で考えていたこともあり、予防に至らなかったことを反省している」

生命保険は契約段階で厳密に審査し、支払い段階ではあっさり支払うとされる。これに対し、損保は契約が容易な一方で、支払い段階で厳しくチェックする。この違いは、どこで不正が起きやすいかに起因する。生保では持病持ちなのに偽って加入するなど契約の際に不正が起きやすい一方、損保は主に物損を偽るケースが多い。

この論理に従えば、不正の疑いがある工場に対し、損保が厳しい措置をとるのは当然のはずだった。だがBM問題ではむしろ、不正をしている可能性が高いにもかかわらず、損保ジャパンは各種の優遇を続けていた。背景には、自賠責の割り振りといううまみがあったからだが、金融庁はこうしたカラクリを見抜くことができなかった。

伊藤は一方で、こうも述べている。

「実は昨年7月、損保3社から報告を受けていた。今にして思えば、その際にもう少し調べればよかったと考える」

22年7月19日、損保ジャパンは金融庁に対し、BM問題への対応を任意で報告していた。この時点で同社はすでにBMへの入庫再開を決めていた。

損保ジャパンは当時、再開判断の理由について「(BMの調査結果で)不正の指示があったとの認定には至らなかった」と報告していた。しかし、すでに見てきたようにBMの調査結果は改ざんされたものだった。損保ジャパンはその事実を把握しながら金融庁の報告では意図的に伏せたのだ。「調査結果と告発者の最初の証言内容に差異が残っているが、証言者から自認がなかった」とだけ説明している。

伊藤の発言はこの一件について含みを感じさせるものだった。それくらい当時、金融庁内の一部には損保ジャパンへの不信感が広がっていた。

ある幹部は「損保ジャパンは昔からそうだ。虚偽とは言わずとも、本当のことをあえて言わない体質なのではないか」と憤りを顕わにした。

損保ジャパンは最後まで金融庁の怒りを見誤った。金融庁を担当する損保ジャパン調査部は

「金融庁への当時の報告は隠ぺいではないか」とする社内外の声に対し、否定し続けた。

だが、HD社外調査委が23年10月10日に公表した中間報告書は「極めて重要な事実関係をあえて伏せていたという点ではおよそ適正な報告であったとは言えず、殊更に問題を矮小化し事実を隠ぺいしていたとのそしりを受けてもやむを得ない」と断罪した。[*12]

金融庁にも油断があった。

この頃、いったん停止したBMへの入庫誘導を再開させようとしている損保ジャパンに対し、ほかの2社は猛反発している。

24年1月25日に金融庁が開いた会見で筆者は「当時、適切に対応すれば損保ジャパンの問題に気づけたのではないか？」と問うと、担当幹部は「3社で報告がちぐはぐ、ばらばらであり、各社からオフサイト（立ち入り検査などオンサイトではないという意味）では聞いていた。結果的に端緒がつかめなかったのは事実。しっかり反省しないといけない」と答えている。

金融庁による金融機関へのモニタリングの意義は「リスクの芽を摘むこと」にある。大炎上してから動くのは「敗戦処理」にすぎない。

いずれにせよ、金融庁は行政処分を出した際、当時の損保ジャパンについて「重要な事実関係について、意図的に報告しなかった」とし、「当庁に対する報告の重要性や意義を軽視し、同報告内容について、何ら議論することなく承認しているなど、経営陣としての資質を問われかねない行動を取っていた」と厳しく批判した。[*13]

「劇場型」検査

「損害保険ジャパン及びビッグモーター社への立入検査時の撮影について」

２０２３年9月15日午後5時に送られてきたメールは何とも奇妙なものだった。送り主は金融庁広報室。「円滑な取材活動を確保するため」として、損保ジャパンとＢＭへの検査について、検査官らが本社に入っていく時間や場所を指定してきたのだ。

金融庁の立ち入り検査は警察や検察などの捜査と違い、たいていの場合、立ち入り先に対して事前に通知を出す。そのためマスコミに事前に報道されても、支障はない。

ただ、基本的に立ち入りの有無や実施日は公表しない。

それなのに今回は、財務相の鈴木俊一が閣議後の会見で損保ジャパンとＢＭに対し立ち入り検査をすると表明。その後にくだんのメールで、撮影場所まで案内してきたのだ。

当日、指定された午前10時より早く検査官らがタクシーで到着。損保ジャパン本社に入ろうとすると、金融庁広報から止められ、仕方がなく車内で待機するという光景もみられた。

主任検査官は保険課の清水洋一。検査官らは損保ジャパン本社38階のフロアすべてを社員立ち入り禁止とし、貸し切った。11月上旬には検査をＨＤに拡大。検査は翌年1月下旬まで及んだ。

金融庁関係者によると、当初は越年を想定しておらず、早いうちにＨＤの責任の究明に力点を置くつもりでいた。だが、「損保ジャパンのガバナンスがあまりにずさんな内容で想定より時間がかかった」という。

金融庁は24年1月25日、損保ジャパンとＨＤに業務改善命令を出した。一部の業務を一定期間、強制的にやめさせる「業務停止命令」が出るとのウワサも出ており、甘い処分であるとも見られた。

処分を公表した際、金融庁内で開かれた会見はまるで釈明会見のようだった。

——業務停止命令ではなくなぜ改善命令なのか？

「トータルとして今回、改善命令となったが、中身としては非常に重いと考えている。これをしっかり、やってもらうのが必要と判断した」

——損保ジャパンの幹部らは胸をなで下ろしている。

「どなたかがラッキーと言っていたというような事実を確認していないが、本当にそういう幹部がいるとしたら、いったい何を考えていたのか、ということになる。立て直さなければいけない時期。いばらの道が待っているのではないか」

筆者は取材のなかで停止命令を出さない理由について「具体的な顧客被害がわかりづらい」

「何を停止するのか難しい」などの声を庁内で耳にした。監督局長の伊藤は「罰することが目的ではない。損保ジャパンが真に改善することこそが目的だ」と周囲に語っているという。

金融庁のある幹部は同庁内で一時、「3カ月の停止命令を科すシナリオが浮上した」とする報道に対して「よくあんな大間違いな記事を書けるな。初めからそんな検討は全くしていない」と憤った。*14

この幹部は停止命令の是非について「一般論として、『停止しないと改善しない』というロジックがないとダメだと思う」と説明する。業務を続けるとそのまま不正が続きかねないようなケースこそが停止命令に値するというのだ。

もし損保ジャパンとBMが従来と同じような関係を続けていれば停止命令もありえた。だがBMは23年11月、損保代理店登録を取り消す処分を出されており、保険代理店としてのBMはそもそも消滅していた。

仮に2週間ほどの停止命令を出すとして「嫌がらせ以上のものになるのか」という幹部もいた。

ただ、保険行政が長い別の幹部は「意思決定に関わっていないので自分が知らない事情があるのかもしれない」と断った上で「停止命令を出すべきだった」と話した。改善命令だと、計画策定や金融庁への対応を担う本社の一部役員しか本気にならない傾向にあり、会社の規模が大きいほど、本社から離れた現場は人ごとのように感じてしまうという。06年の不払い問題のときに監督行政に関わった有力OBも「停止命令を出すべきだったと思う」と語った。全社員が真剣に向き合い、過去との訣別を本当に目指そうとするなら、停止命令を出した方が「その会社にとっても長期的には良いのでは」と話した。

ただ、金融庁は損保ジャパンに停止命令を出すか否かよりも、HDの責任究明にリソースを割いた。そちらの方が本質的な問題だと考えたからだ。

金融庁が公表した「処分の理由」にはそれが色濃く反映されている。問題の「真因」として損保ジャパンの三つの企業文化を指摘した。

① 顧客の利益より、自社の営業成績・利益に価値を置く企業文化
② 社長等の上司の決定には異議を唱えない上意下達の企業文化
③ 不芳情報が、経営陣や親会社といった経営管理の責務を担う者に対して適時・適切に報告されない企業文化

そしてこうした文化が「(SOMPO)HDによる適切な企業文化の醸成に向けた取組みが不十分である中、歴代社長を含む経営陣の下で醸成されてきた」と認定した。損保ジャパンの報告が入庫誘導を再開させてから1カ月以上経った後だったことについて「もっと早く報告してほしかった」と櫻田は会見で述べていたが、金融庁は「適時・適切に報告がされない実態に関

して、その原因や事実関係の追及を行っておらず、子会社からの報告・情報連携に関する仕組みの見直しを行っていない」と指摘。「子会社管理の能動的なアクションが不足している」と断罪した。そして、損保ジャパンとＨＤの経営陣の「経営責任の明確化」を求めたのだ。

櫻田の退場

金融庁処分の翌1月26日、ＨＤと損保ジャパンが会見を開いた。前回と同じ本社ビル２階のホール。櫻田、奥村、白川、石川に加え、今回はＨＤ指名委員会委員長のスコット・トレバー・デイヴィスも出席した。こうした会見は通常、株式市場が閉じた午後３時以降に開かれることが多いが、ブリヂストンの取締役会議長を務めるデイヴィスの都合上、午前11時スタートとなった。

櫻田は前回会見と打って変わり、自身の責任を早々に認め、３月末に辞任すると表明した。「現時点で辞任の可能性はゼロ」とまで言い切っていたが、「ＣＥＯとして私に責任がないはずはない」「皆さんの質問や議論に対して反論するつもりはない」と殊勝に話した。一方で引責辞任かについては「私が判断するのではなく、皆さんのご判断にお任せしたい」と言葉を濁した。

２０１０年に損保ジャパン社長に就任。12年にはＨＤのトップとなり、グループを率いてき

会見冒頭、謝罪するSOMPOホールディングス会長の櫻田謙悟＝2024年１月26日

たドン、櫻田。あまりにあっけない最後に、記者から「院政」を敷くのではとも問われた。

「13年9カ月は長い期間でした。自分はたった一人ではなく多くの先輩のご指導を得て助けてもらった。あっちに頭ぶつけて、こっちに頭ぶつけてここまで来ました。その結果として、必ずしもいい影響ばかりでなく、悪い影響もあったのだろうと思います。いずれにせよ長かった。院政と言われるが、一切関与しません」

「長かった」という言葉には実感がこもっているように思えた。

「第二の創業を後進に託す」「経営から一切身を引く」。潔さをアピールしたが、「パーパス経営」の話題になると、絶対の自信があるのか、相変わらず饒舌になった。

櫻田は会見の質疑応答だけで「パーパス」という言葉を34回発した。一方で、後任のCEOである奥村は1回だけ、次期損保ジャパン社長の石川も1回だけだった。石川はむしろ「まずは言行一致が第一」「現場の意見を積極的に採り入れて単なるスローガンにならない仕組みをつくりたい」と述べ、パーパスが現場と乖離したスローガンであることを示唆しているようだった。

目指していたパーパス経営が間違っていたのか、不徹底なのか。筆者はあえて聞いてみた。

櫻田　「パーパス・マネジメントこそが社員をハッピーにし、そして会社全体もそれに伴ってハッピー、お客様もハッピーになる。従ってSOMPOのパーパスは大事だということになったわけです。ここで諦めるとパーパス・マネジメントにコミットしているということに期待するグループの社員を落胆させるのではないかと思っています。これは決して押しつけではありません」

会見中ときおり見せる、眉を逆の八の字にピンとつり上げた形相は鬼気迫るものがあった。

HDのHPによると「SOMPOのパーパス実現には、社員一人ひとりがMYパーパスを持ち、どの部分が（SOMPOのパーパスと）共鳴するのかを深く考える」必要があるという。「MYパーパス」とは「自分自身の人生の意義や目的」を指す。

櫻田は「自分のパーパスが先にあり、会社のパーパスと合わなければ声を上げ、それでも会社が変わらないと思えば、会社にいても仕方がない」とまで語っている。

これまで多くの幹部が筆者の取材に「櫻田には誰も物が言えなくなっていた」と語っていた。「プレッシャー」をめぐる会見でのやりとりでも、それを感じさせた。

記者が「白川氏の判断の背景に、櫻田氏からのプレッシャーがあったと認識しているか」と問うと、櫻田は「この後、白川氏の思うことをぜひ率直に語って頂けると思うが……」と述べたうえで、「私は声を荒らげて誰かを詰問したことはない。プレッシャーをかけ判断を誤らせるようなことは、私はないと思っている」と断言した。すると続く白川も「私の認識のなかで、プレッシャーと本件が結び付いているということはないとはっきり言わせていただきます」と追随した。

だが、前日に金融庁が公表した処分理由には、入庫再開の判断について「(白川が)親会社であるSOMPOホールディングスからの強いプレッシャーを感じていた」と指摘していた。金融庁の会見で筆者がこの根拠を問うと、同庁幹部は「プレッシャーというのは本人の意識なので、そのように認定するには当然、本人からの自供が必須である」と語った。

白川が金融庁検査でウソをいうはずはない。隣に櫻田がいたから本音を言えなかったのでは、と勘ぐってしまう。「プレッシャー」とはまさにこういうことではないのか。

損保ジャパン幹部によると、一部の役員は櫻田から数字に対する相当なプレッシャーを受けていた。自分の価値観や存在意義である「MYパーパス」の追求どころではなかった。

一連の問題を受け、2月29日付で退任となった損保ジャパンの営業担当の副社長は同日、櫻田も入るグループアプリに皮肉とも取れる最後のメッセージを次のように送ったという。

「今後は自分の人生と価値観と向き合って前向きに生きていこうと思います」

＊1　大手損保の議事録の情報。
＊2　複数の大手損保関係者への取材（2023年9月〜24年1月）。
＊3　東洋経済オンライン22年8月29日配信記事。
＊4　朝日新聞23年9月12日〜16日付朝刊、損保ジャパンが金融庁に報告した情報。
＊5　ビッグモーター（BM）特別調査委員会「調査報告書」p11〜27。
＊6　元同僚の関拓人へのインタビュー（24年3月14日）や関係者への取材（24年1月）。
＊7　損保ジャパン関係者への取材（24年1月24日）。
＊8　損保ジャパンが金融庁に報告した情報。
＊9　この金融庁幹部への取材（24年1月29日）。
＊10　当時の損保ジャパン幹部、金融庁関係者への取材などから。
＊11　朝日新聞24年1月27日付朝刊。
＊12　SOMPOホールディングス社外調査委員会「中間報告書」p20。
＊13　金融庁「損害保険ジャパン及びSOMPOホールディングスに対する行政処分について」。
＊14　日経ビジネスオンライン24年1月26日配信記事。

第四章
企業文化

金融庁は損害保険ジャパンとＳＯＭＰＯホールディングス（ＨＤ）への業務改善命令で、①顧客の利益より営業成績に価値を置く②社長等の上司に異議を唱えない③不芳情報が経営陣や親会社に適切に報告されない、という三つの「企業文化」を指摘し、これらが「歴代社長を含む経営陣の下で醸成されてきた」と断罪した。

近年の金融庁は、金融機関を行政処分する際、問題が起きた「真因」を企業文化に求めるケースが多い。

「法令等遵守を軽んじ不正行為を蔓延させる企業文化が醸成されたことが認められる」（２０１８年、スルガ銀行）

「営業優先の企業文化やコンプライアンス、リスク管理を軽視する企業風土があると考えられる」（22年、マニュライフ生命）

「営業を優先してコンプライアンスや内部監査を軽視する企業文化・風土が醸成された」（23年、エヌエヌ生命）

わかったようでわからない「企業文化」。損保ジャパンの企業文化はよく「野武士集団」と表現される。旧三菱財閥グループ系のエリート然とした東京海上日動火災保険に対し、実力勝負でのし上がる損保ジャパンといったイメージで語られることもある。

損保ジャパンの母体となった安田火災海上保険から振り返り、損保ジャパンの企業文化をあぶり出したい。[*1]

中興の祖

日本で初の火災保険会社、東京火災保険をルーツに持つ安田火災を飛躍させ、同社の「中興の祖」と称される人物が、三好武夫だ。

1963年に社長に就任して以来、17年以上にわたり君臨。強烈なリーダーシップで安田火災をひっぱり、今に続く業界の「トップライン・シェア拡大競争」の口火を切った。そして、シェアにおいて首位、東京海上に肉薄するまでに押し上げた。「野武士集団」「安田スピリット」の体現者ともされる。

96年に生保・損保の相互参入が自由化されるまで、損保は基本的に20社体制が維持された。なかでも旧財閥グループに属する東京海上火災（三菱）、安田火災（安田）、大正海上火災（三井）、住友海上火災（住友）、日本火災海上（非財閥系だが三和銀行と親密）の5社が主要な損保に位置づけられた。

当時は企業向け保険が中心の時代だった。

安田火災は旧安田財閥系の芙蓉グループに属したが、同グループの主要企業は、富士銀行、安田生命、安田信託に同社を加えた金融4社が中心。グループ内企業の結びつきは穏やかで、三菱・三井・住友系の損保に比べると、企業向け保険に弱かった。[*2]

系列企業を豊富に抱えた旧財閥グループであるほど有利であり、三菱系の東京海上は5社のなかでも抜きん出ていた。

三好が社長就任前の1960年度の市場シェアは東京海上が約18%で、ほかの4社は9%台~7%台。安田火災は順位こそ2位だったが、東京海上との差が年々開いていた。

「当社の基本方針とは何か。それはいうまでもなく拡大均衡政策である。これを諸君はよく頭に入れておいてほしい」

三好は社長就任時、社員らへの訓示で、かねてからの持論だった方針を打ち出した。[*3] 業界の横並び体質から脱却し、トップライン・シェア拡大にかじを切る大号令だった。

その要が、自動車分野の積極政策だった。

50年代の高度成長期からマイカーブームにより急速にモータリゼーション化が進んだ。55年にはトヨタ自動車が「トヨペット・クラウン」を発売している。信号機や歩道、交通規則の整備が追いつかないなか、交通事故も激増。50年代半ば以降、死者数は増加傾向で、ピークの70年には1万6千人を超え、「交通戦争」とも呼ばれた。

損保は当時、規制業種として大蔵省の護送船団方式の庇護のもとにあった。1948年には「損害保険料率算出団体に関する法律」が施行され、火災保険や傷害保険などについて、算定会が過去の事故データや各社の経費率をもとに保険料を算出。「同一価格・同一商品」を基本とした。重視されたのは各社の競争ではなく、業界の安定だった。

一般の人々に事故の賠償に備える意識が広がるなか、56年、自動車損害賠償責任保険（自賠責）への加入が義務化。64年には、自賠責や自動車保険の料率を決める自動車保険料率算定会もできた。

損保にとって自動車分野は決して「うまみ」のあるものではなかった。自賠責は自動車事故の被害者救済という公共性の高い性質であるため、利益も損失も出ない「ノーロス・ノープロフィット」（収支均衡）の原則が採用された。だが、収入保険料を上回るペースで事故による支払いが増大し、現実には損失を出し続けていた。

各社は自賠責契約を増やすどころか、逆に抑制していた。火災など他の保険への加入を条件に、自賠責を受け付けるといった営業戦略を取る社もあったという。

この問題は国会でも取り上げられている。例えば66年3月、自由民主党の衆院議員が運輸委員会で「保険会社は、保険料率が低いのでどうしてもこの料率ではもうからないから、自動車保険はやりたくないといって逃げ回った事実がある」と指摘している。

これに対し、大蔵省銀行局長が「何ぶんにもいわゆる自賠責制度というものが発足日浅く、現実の事故率算定等々について、まだ長期の観察に基づく経験値というものが必ずしも確立されておらない」と課題を認めている。

こんな時代状況にあって、三好は自動車分野にかじを切ったのである。

当然、損失は膨らみ、安田火災は69年度、自動車分野で約40億円の赤字を出したという。だが、三好には計算があった。雑誌のインタビューで次のように語っている。

「昭和46年度（71年度）は100億の赤字になりますよ。社長、自殺したって間に合いませんよと皆騒いだんです。いや、もう少しやってみろと、やらせたんです。そうしたら大蔵省も、全社赤字ですか、この調子では全社つぶれちゃうんじゃないかというわけで、びっくり仰天し、料率を上げさせたんです。そうしたら、とたんに46年度は黒字になっちゃった」[*4]

いずれ料率が上がり黒字転換するのを見据え、シェアをあらかじめ奪い取っておく。契約を取るほど赤字幅が拡大し、大蔵省が放置出来ない状況をつくり料率を上げさせる――。自動車保険の公益性を強く認識していたから取れる戦略ではあるが、護送船団方式を逆手にとった「焼け太り商法」とも言える。

安田火災は熾烈な競争も巻き起こす。象徴的なのが、三好が掲げた「T号作戦」だ。

「T」とは東京海上のイニシャル。圧倒的な差でトップを走る同社をターゲットに、火災、海上、自動車、新種保険などあらゆる保険分野で収入保険料の目標を示した。東京海上に追いつき追い越すことが三好の終生の夢だった。

安田火災は、業界に先駆け、全国各地にきめ細やかな営業網を整備し、損害査定についても人材を拡充させた。74年度にはついに、安田火災が自賠責に限っては東京海上を抜いてトップシェアに躍り出る。東京海上が自動車メーカーのディーラーに強みを持っていたのに対し、安田火災が整備工場の開拓を徹底した結果だった。[*5]

三好の登場前の安田火災は、学者然とした社員が多くいて、東京大学出身者を中心とした学歴主義もはびこっていた。三好は企業文化を変えるよう腐心し、「野武士」と呼ばれる集団に作りかえたという。

「大体うちは、代議士の子も入っているし、いいご家庭のぼんも入ってるし、秀才もたくさんおるけど、少し野性を持ってくれといっているんだ」と語っている。[*6]

ただ、自身は愛媛・松山の名門、旧制松山中学、高校から東京帝国大学法学部を卒業した超秀才だった。中高大と同じコースを歩んだ4年後輩の日清紡績の元会長は三好の学生時代について「いつも、どこに行っても、猛烈な勉強家ぶりを聞かされどおしだった」と振り返り、「現在の〝おとぼけ名人〟のような三好さんを想像するのは、むずかしいのじゃないかな」と評している。[*7]

強烈なカリスマ性とは裏腹に、どこか飄々としたところもあったと複数のOBは語る。

昼休み終わりに、女性社員が「おじさん待って！」とエレベーターに駆け込んできた際、

「はい、はい」と笑顔でボタンを押して待っていたというエピソードは有名だ。

名実ともに安田火災の「ドン」として君臨した三好。17年の在任期間の前半が、業界地図を塗り替える「イノベーター」だとすれば、後半はワンマン体制のひずみが目立った。

その象徴が「後継者」をめぐるいざこざだった。

安田火災の「中興の祖」三好武夫

「三好ファミリー火災」

三好は1979年、大蔵省官僚だった安井誠を後継者含みで副社長として迎え入れる。安井は、東大法学部を卒業後、48年に大蔵省に入省。税務や証券畑を歩み、銀行局保険部長や日本銀行審議委員も歴任し、最後は、証券局長を務めていた。

安井の父親が、安田火災の前身の一つである太平火災で一時働いたことがあるといい、それが縁で懇親を重ねるなかで、三好が惚れ込んだという。

「野武士集団」として反エリート意識をむき出しにする三好らしくない判断ともいえた。

損保ジャパンで後に役員を務めたOBの一人は「三好が抱いた危惧が、背景にあったのではないか」と推測する。三好率いる安田火災は、東京海上を頂点とするガチガチの規制の時代に、アンチテーゼとして「自由化・競争路線」を打ち出し、業績を急拡大させた。当時、安田火災には「1対19の美学」という隠語があった。「孤立したとしても自社の意見を通すため頑張る」というもので、ルールは変えられないが、ルールを斜め読みし、ときには破ることを意味するという。

同社の躍進により社内では高揚感が漂う一方で、業界では安田火災は秩序を乱すものとして孤立していった。業界2番手のトップである三好が、日本損害保険協会で一度も会長に就かなかったという事実も、いかに「目障りな存在」とみられていたかを物語る。

先ほどのOBは「一人だけこの状況を危惧していた人物がいたとすれば、それは他ならぬ、三好本人だった」とし、それが大蔵官僚の引き抜きにつながったのでは、と見立てる。

一方で別の見方もある。後に社長になる後藤康男（79年当時は専務）は「『東京海上に追い付き追い越せ』という当社の〝T号作戦〟を元気なうちに実現したいという三好さんの焦りもあったように思う。大蔵省OBを招いたのは、ナンバーワン会社の意のままになっていた業界の閉鎖的な壁を打ち破るために『官』の力を借りたかったという事情もあったろう」と語っている。[*8]

ところが「三顧の礼」をもって迎え入れた安井を、三好は短期間で追い出している。副社長に就任させた翌年7月には、副会長に祭り上げ、ほどなく退職させてしまった。

背景の一つは三好が、安井の言動を気に入らなかったからとされている。

当時の大蔵省は絶対的な権威を持ち、官僚らのエリート意識は今とは比べようがないほど高かった。安井の不遜な態度が、代理店など取引先の不興を買い、社内からの評判も下げたという。

後藤の策略だとする見方もある。

後藤は、三好と同じ愛媛・松山出身で、三好の妻の弟。つまり、義弟であった。福岡支店長や社長室長を経て、社内では三好の後継候補1位と目されていた。だが、安井の招聘によって一転。「安井という強力候補には太刀打ちできず、社歴の浅い安井を補佐していく形になる」との見方に変わってしまった。[*9]

後に「三好ファミリー」との間に内紛を起こす、宮武康夫（79年当時は副社長）は「安井氏の不馴れと行き過ぎもあったがしかし専務だった後藤氏は、自分が社長になる時期が遅れることを恐れ、にわかに安井氏の批判を始める」「脳の手術をして入院がちだった三好氏に、後藤氏は安井氏に関する批判やマイナス情報を吹き込む」などと自身の著書に記している。[*10]

そして80年7月、この宮武が社長に就任することになった。宮武は高松高等商業学校を卒業し、安田火災の前身の一つ東京火災に入社。父の京一は、講道館柔道の創始者、嘉納治五郎の直弟子で戦後に発足した香川県柔道連盟の初代会長も務めている。

安井と対照的に、いわゆる営業一筋のたたき上げ。本来、社長になる人物ではなかった。「大蔵省との融和」どころかOBを追い出し同省から不興を買った上、義弟の後藤にバトンタッチすれば、体面が保てない。三好はそう判断したと見られるが、後藤ら主流派からすれば「ワンポイント・リリーフ」という位置づけだったのかもしれない。

大局的な経営判断で、副社長に就任していた後藤ら主流派と宮武はことごとく対立する。増配を主張する宮武に対し、後藤は先行投資を優先すべきと主張、貯蓄性保険を推し進めようとする後藤に対し、宮武は一般保険に注力すべきと主張する……。

絶対権力を持つ会長三好の義弟、後藤。社内では「真の実力者は後藤である」との共通認識ができあがっており、宮武の主張は退けられ、孤立していくようになる。

宮武はその後、「三好ファミリー」と対決し更迭されただけでなく、それらの顚末を自身の著書で暴露した。一連の騒動は、高杉良の小説『広報室沈黙す』のモデルとなったことでも知られる。

宮武は三好、後藤の二人が安田火災の関連会社に親族を多数送り込み、不透明な取引をしているとし、「安田火災を三好氏の実質的なファミリー企業に変質させつつある」と主張した。

例えば、安田火災の本社ビルで社員の診療施設を運営する関連会社に、医師である三好の長男を雇い、毎月高額な報酬を与えていた。ほかにも安田火災の支店ビル建設や清掃業務の請負などを手がける関連会社の専務（後に社長）に次男が就任。安田火災の保有地を格安で借り受け、ビルを建設し、安田火災に高値で貸し付けている疑惑もあった。実際、大蔵省が81年4月、安田火災に検査に入り、関連会社の管理の不十分さなどを指摘している。

だが、宮武が「正義」をいかに掲げようが、社内では人心がついてこなかったようだ。当時本社の企画業務に従事していたＯＢは「社内に人望が全くなかった。彼が頼ったのは地域の営業網の人たちで、頻繁に出張し、酒を飲んでいたが、それだけでは話にならなかった」と振り返る。

「三好ファミリー」の闇に挑む正義の改革者か、孤立の末に現実を見失ったドン・キホーテか——。いずれにせよ、宮武は後藤ら主流派に攻め込まれ、取締役会の運営権限を取られるなど、じりじりと追い詰められていく。

82年11月には、後藤らが社長に定年を設ける内規を取締役会で提案し、決定した。宮武氏は16年8月生まれ。すでに66歳であり、翌年7月の株主総会をもって退任せざるを得ない状況に追い込むことを狙ったとされる。

早く追い出したい主流派の攻勢に対し、抵抗する宮武は、富士銀行や安田生命ら系列金融機関を頼った。系列金融機関は最初こそ宮武に同情的だったが、次第に見限っていく。追い詰められた宮武は突如、自身や三好、後藤を含めた代表取締役4人全員の退陣案をぶち上げた。

宮武は83年2月4日の臨時取締役会の直前、マスコミ各社に「4代表退陣を訴える」とする手紙まで送りつけている。[*11]「（このままでは）ワンマン体制をさらに密室化するようになり、こうしたことでは社業が低下し、安田火災の社会的責任を問われることになります。現在の異常体制を抜本的に正常化するためには現経営陣の刷新以外の道はない」

現社長が、社内の内紛を世間に暴露する前代未聞の事態に、別のOBも「いくら自分が正しいと思ったとしても、会社の恥をわざわざさらすのはどうかしている」と振り返っている。

取締役会で「退陣案」はあっさり葬られた。代わりに、三好を代表権のない名誉会長、宮武を代表権のない会長、後藤を代表権付きの社長とする案が後藤を中心に提示され、決まった。

内紛の仲裁に入ったとされる富士銀行会長の松沢卓二は「今回の事件の結論は、社長はながくやってはいけないということだ。オーナー会社でもないのに長くやるから問題が出る」と語っている。[*12]

宮武は2期4年とみられていたところ3年弱という短命で更迭されたわけであり、この発言は明らかに三好に向けられていた。

正統な後継者

1988年に編纂された『挑戦と躍進 安田火災百年小史』は、日本で最初の火災保険会社である東京火災からの歴史を綴っている。第五章では「口火を切った積極経営」として三好の功績を列挙している。第七章「世界のリーディングカンパニーをめざして」では後藤が新社長として登場。三好の正当な後継者であることを印象づけている。

後藤の社長就任時を振り返り、「三好体制下に発揮された当社のバイタリティにも、ややなかだるみ現象がみられるようになっていた」と記している。もちろん、社内紛争には一切触れられていない。「歴史は勝者によって書かれる」である。

では、後藤とはどのような人物だったのか。

三好の義弟ではあったが、単純に三好の威光を背に出世した人物とはいえない苦労人だった。40年に愛媛・松山商業を卒業し、旧満州で国策として作られた鉄鋼会社に就職した。独身寮での生活は、東大や京大出身の同僚らに囲まれ、刺激的だったようだ。「夕食後は手当たり次第に読書にふけった」と振り返っている。[*13] 帰国し、法政大学に入学するも学徒動員で海軍に入隊。愛知・知多半島の水上基地で終戦を迎えた。

戦後、三好の縁で安田火災に入社するが、法政大経済学部に戻り、働きながら大学を卒業。

福岡支店長を経て74年、社長在任11年目の三好に請われて「社長室長」に就任した。社長室はそれまでもあったが、このとき意味が大きく変わった。

室長の部下の肩書を「特別補佐役」との名称に変えたのだ。70年代に米中接近やベトナム和平を推進したヘンリー・キッシンジャー元国務長官が、ニクソン大統領の下で務めた「大統領補佐官」にちなむ。社長直属の参謀、懐刀といった自負を強く窺《うかが》わせる。

他の部署は社長の間に役員が介在するが、社長室は社長直轄のエリート集団。役員も恐れる「近衛兵」として数々の特命ミッションをこなしていく。社長室長の後藤は、三好にも物が言える参謀として「真の実力者」という社内の雰囲気をつくっていった。

紆余曲折を経て、ようやく社長に就任した後藤は何をしたのか。やはり三好と同じく「拡大均衡」路線をとり、トップライン重視を鮮明にしていた。

ところが時代は変わっていた。トップラインだけを追い求めてきた結果、安田火災は「肥満体質」になってしまった。業界2位の安田火災が、「規模の利益」が効くはずの経費率で10位以下に沈んでいたという。三好の頃のようにトップライン・シェアを伸ばすこともできず、東京海上を追い抜くという悲願は遠のいた。

そんななか、後藤は別の分野に入れ込んだ。

87年3月、安田火災はロンドンのオークションでゴッホの「ひまわり」を2250万ポンド

（約53億円、手数料込みだと約58億円）で競り落とした。当時の絵画取引の史上最高値。創業100周年の記念事業の一環で、後藤の肝いりの案件だった。この落札は今でこそ評価が高いが、規制産業である損保が、美術品に多額を突っ込むのは異例だった。大蔵省銀行局長が後藤を呼びつけ「厳重注意」とし、「高額の美術品を購入するのは今回限り」と約束させたほどだ。[*14]

後藤はその頃から、環境保護の取り組みで名をあげていく。92年からは日本経済団体連合会の自然保護基金運営協議会（現在の自然保護協議会）会長を務めた。

後に社長になる櫻田謙悟も「（後藤は）環境問題に尋常じゃないくらい力を入れていた。今のSDGs（持続可能な開発目標）の多くの部分が、彼がきっかけとなり取り組んできたことだった」と語っている。[*15]

社長室に在籍したOBは「世の中に貢献して、それまでの『野武士集団』のようなイメージを変えていこうというのが出発点にあった」と推測する。「ひまわり」を購入した87年には安田火災で初めて損保協会長にも就任している。

後藤の社長在任は5期10年に及び退任時は70歳を過ぎていた。

後任は常務の有吉孝一。有力候補とされた3副社長を飛び越えたサプライズ人事。後藤とは福岡支店時代や社長室時代の上司、部下の関係だった。

この頃、経済状況は大きく変わっていた。

体質改善とトップライン

好景気に沸いたバブルは崩壊。右肩上がりの経済は一転、低成長の時代に突入した。リストラ、倒産が相次ぎ、雇用不安も広がった。地価や株価が暴落し、金融機関は不良債権にあえいだ。

三好、後藤と続くトップライン拡大路線は限界を迎えつつあった。当時の安田火災は「放漫財政」で水ぶくれし、有吉のもとには、このままでは格付け会社スタンダード・アンド・プアーズ（S&P）が格下げするとの情報が舞い込んでいた。

1998年の保険料率自由化前夜、保険商品が価格競争になることも見通されていた。有吉にとって「体質強化」が至上命題となり、あらゆる領域にメスを入れ、コストカットしていった。

OBには「あのとき『拡大均衡』路線のままだったら自由化で沈没していた。有吉は安田火災の救世主だ」との声もある。後藤の長期政権の弊害に間近で接していたこともあり、有吉は東京海上ら業界の標準である「任期6年」を就任当初から決めており、その通りにすっぱり辞めた。

問題は後任選びだった。

当時会長だった後藤の社内での影響力は依然強かった。後藤は社長在任中、経済誌のインタビューで会長の役割を問われ、次のように述べている。[*16]

「問題は人事権ですね。会長は自分の選んだ社長が任期を全うするまで責任がある。社長が任期を全うするというのは、その次の後継者を育ててバトンタッチするということだから、会長も孫社長を育成する責任を持たねばならないと思います」

――会長が孫社長をつくるのに口を出したら、社長は迷惑でしょう。

「しかし、会長はそんな無責任でいいのか。（中略）やはり、高所から後継者づくりには相談にあずかり責任を持つのでなければいかんと思いますよ。現役の社長も次期後継者については自ら会長に相談するようでないと」

その10年後、「安田火災、次期社長レースはこの4人に絞られた⁉」とする記事が雑誌「経済界」に掲載された。[*17] 筆者は主幹の佐藤正忠。後藤と旧知の間柄だった。

有吉はこの報道により4人のなかから選ばざるを得なくなったという。そして指名されたのが常務の平野浩志。99年4月の社長就任時、56歳だった。

慶応義塾大学商学部出身。人事畑が長く部長時代には管理職への年俸制導入を手がけ、「金融機関で初めて実力主義を導入した」と自負する人物だった。[*18] 後藤の秘書室長を務め、『安田火災百年史』の編纂事務局長も務めている。剣道部出身で、はつらつとした雰囲気から、リーダーシップで辣腕を振るうというイメージが強いが、近かったOBは「非常に細かい人。トップよりも参謀のほうが適任だった」と振り返る。

「積極論者」「拡大論者」を自任し、口癖は、「東京海上に追いつけ追い越せ」。トップライン拡大を叫び、東京海上への強烈な対抗心に燃えるところは、三好─後藤ラインの直系ともいえた。

だが当時は金融危機が深刻化していた時代。97年、山一証券、北海道拓殖銀行が破綻。保険業界でも、多くの生保が高利回りを約束した契約による「逆ざや」を抱え、同年4月の日産生命を皮切りに、2001年4月までの4年間で東邦生命、第百生命、大正生命、千代田生命、協栄生命、東京生命が相次ぎ破綻した。

戦後の金融制度が大きく揺らぐなか、1998年には、大蔵接待汚職が発覚し、世間に衝撃を与えた。現役職員が検察当局に逮捕され、蔵相や大蔵事務次官、日銀の総裁、副総裁が辞任。接待を受けたとして処分された大蔵省の職員は112人に上った。

「護送船団」の頂点にいた大蔵省の権威が失墜したこの年、損保の保険料率が自由化している。「同一価格・同一商品」をルールとしてきた戦後の算定会制度は崩れ去った。

銀行や生保と比べ、バブル崩壊の影響を免れていた損保だが、競争力がなければ淘汰される時代に突入していた。

損保の合従連衡は99年10月中旬、業界3位の三井海上と5位の日本火災、8位の興亜火災が経営統合することで合意したと報道されたことから始まった。

後のSOMPOホールディングスのドン、櫻田は当時社長室担当課長だった。報道があった日、安田火災は会社の運動会を行っていたが、参加せずに自宅の庭で草むしりをしていたところ、櫻田の携帯電話が鳴った。[*19] 平野による「緊急招集」を伝える社内からの連絡だった。

損保再編の号砲となった3社の統合は紆余曲折をたどる。系列銀行の思惑や各社の綱引きもあり、三井海上が後に離脱。住友海上と合流することになる。両社は2000年2月、合併を発表。対抗するように安田火災も同年11月、日産火災と大成火災と合併に向けて協議に入ったと発表した。三井住友海上が01年10月、損保ジャパンが02年7月に発足した。

櫻田は統合企画部長としてすべての合併準備の司令塔となっていた。準備が終盤を迎えていたある日の会議。平野の人柄を象徴する出来事が起きた。[*20]

テーマは合併後の社長の任期について。

「社長の任期は通算6年」と担当役員が説明すると、平野は「てめえ、首だ!」と声を荒らげた。平野が安田火災の社長に就任したのが1999年4月。2002年7月の合併時にはすでに在任期間は3年を超える。通算6年とすると、合併後の任期は3年にも満たなくなる。

損保ジャパン関係者によると、この担当役員は、次の社長になる佐藤正敏。下で支えていたのが櫻田だった。ワンマン体制を敷いていた平野の激怒が響いたのか、櫻田は「社長に（自分を）取り持ってくれないだろうか」と周囲に相談していたという。

余談だが、先述したように24年1月の辞任会見で櫻田は「プレッシャーを掛けたか」と問われた際、「声を荒らげたことはない」と答えている。平野の怒鳴りあげる所作が、彼にとってのプレッシャーのイメージだったのかもしれない。

結局、社長任期は「原則として6年」となり、通算の文字は消えたという。

平野には意地でも達成したい悲願があった。東京海上を抜くことだ。

02年7月、予定どおり損保ジャパンが発足。だが宿敵、東京海上は日動火災との合併を04年後半に予定しており、トップラインが上積みされることは目に見えていた。

東京海上を抜くチャンスは03年度しか事実上、残っていなかった。

「中興の祖」三好は、絶対王者の後ろで「ドングリの背比べ」をしている状態から頭ひとつ抜けだし、「正当な後継者」後藤が、東京海上の背中を捉えた。そして自分は――。平野にそんな思いがあったのは想像に難くない。

平野は厳しい数字目標を課し、成績の悪い支店長を呼びつけ叱責することもあった。ＯＢは「後藤さんは最後は笑って許してくれたが、平野さんは許さないタイプだった」と振り返る。

ワンマンの引き際

そして執念が実り、2003年度の自動車分野で首位となる。

当時の新聞には「自動車保険、東京海上が首位転落」との見出しが躍った。[*21]

当時、日本銀行本店の記者クラブに在籍した一般紙の記者によると、損保ジャパンの広報がクラブ内をめぐり、営業成績の記事掲載を猛プッシュして回っていた、という。

安田火災時代を含め社長の在任期間が5年を超えると、平野の周辺には後任人事を探るマスコミも現れた。ワンマンとは自分を脅かす存在への恐怖心の裏返しでもある。とりわけ平野は疑心暗鬼の強い人物だった。

ある幹部が社長室に呼ばれたときのことである。[*22]

「マスコミも次に関心を持っているようだが、きみはどう思うか」

平野の腹づもりは元々決まっている。幹部は瞬時に、賛意を求めていると感じた。

「6年経ちますが、今お辞めになったら会社がダメになります。もっとおやりになってもらうので、よいのではないでしょうか」

「満額回答」はこれだった。相好を崩す平野の顔も目に浮かんだ。

だが、幹部の口から出てきたのは違った。

「有吉さんの時代に任期6年と言っていますから、世の中にどう説明するかが大事だと思います」

真っ向から異を唱えず、かわしたつもりだった。

だが、その瞬間。平野は険しい形相となり、怒鳴った。

「出て行け！」

その後、この幹部は不遇な人事を味わうことになる。

「今思えば、サラリーマン人生の最大のターニングポイントでした。ただ、社内で平野さんに誰も物を申せないのは良くないという思いもありました」。

皮肉にも、在任期間が6年を過ぎた頃、世間を揺るがす不祥事が保険業界で発覚する。保険金の不払い問題だ。

損保では05年2月、金融庁検査を受けた富士火災で発覚。同年11月には、損保26社に金融庁が業務改善命令を出すなど大揺れとなった。

損保ジャパンは大手損保で最初に立ち入り検査を受ける。不払いもさることながら、会社のゆがみを告発する情報が多数寄せられており、リスクが高いと判断されたためだ。*23

そして損保ジャパンは06年5月、業務停止命令を受けることになる。処分理由には、追加の支払漏れや法令違反件数などが列挙されているが、金融庁が本当に問題視したのは別にあった

「ワンマン」で恐れられた平野浩志、右奥は佐藤正敏

という。

当時、金融庁監督局の幹部として対応に当たったOBは「もっとも懸念したのは、悪い情報が経営陣に上がっていないことだった。営業偏重のなか、物が言えない歪んだガバナンス体制になっていた。それが真の問題だった」と振り返り、「それを象徴するような『裸の王様』が平野さんだった」と語った。

損保ジャパンOBによると、平野自身はコンプライアンス（法令順守）に厳しい人物で、法令違反の事案には厳罰を下していた。一方で、成績に厳しい姿勢が、誰も物を申せない状況を生み、「都合の良くない情報は上げない方が良い」というような雰囲気をつくり出していた。

金融庁の重い処分が予想されていた06年5月24日。損保ジャパンは平野が社長を辞任し、代表権のない会長に就任することを発表。同日公表した05年度決算は皮肉にも過去最高益を記録していた。

東京・日本橋本石町の日銀記者クラブ。平野は会見で「不祥事の責任はある」と述べたが、

「社長退任の理由ではない」と言い切った。[*24] 責任の取り方については「当局の命令を受けてから、しっかりと考えていきたい」と語る一方で、財界活動に意欲を燃やした。

翌日、金融庁の処分が下る。主力の損保商品や提携生保商品の販売を全店で2週間〜1カ月間禁止する、という厳しい内容だった。その夜、平野は日銀記者クラブで再び会見を開く。だが、ここでも自身の責任については言葉を濁し、「改善計画をつくるなかで考えたい」などと語った。

先ほどの金融庁OBによると、平野が会長職に就任するとした24日の人事発表は当局と事前にすり合わせたものではなかった。金融庁側は「経営陣を一掃しないとカルチャーは変わらない。金融庁としては容認できない」などと損保ジャパン側に問題意識を伝えたという。だが、平野は会長職に就くと譲らなかった。

それでも世論の厳しい批判を受け、次第に外堀が埋まるなか、金融庁のカウンターパートとなった常務の佐藤正敏や、当時の副社長らが平野に身を引くよう迫った。

その結果、最初の会見からわずか9日後の6月2日、損保ジャパンは先の会長人事を撤回。平野は一切、役職に就かないと改めて発表した。平野は「俺がやめるなら3人もやめろ」と主張し、副社長3人が就任予定だった顧問や子会社の社長、会長ポストを撤回させている。

佐藤の「答え」と櫻田の登場

後を託されたのは、平野に引導を渡した佐藤。当時、57歳だった。慶應義塾大学経済学部を卒業後、安田火災に入社。システム企画部長や社長室長を経てトップとなった。佐藤を知る複数の損保ジャパンOBや金融庁OBは「私心のない誠実な人間」と口をそろえる。不祥事を受け、各地の支店や代理店を訪問。愚痴や言いがかりのような言葉にも真剣に耳を傾けた。

ワンマン後藤の後に社長に就いた有吉のテーマが「体質強化」だとすれば、佐藤のそれは「体質改善」だった。

不払い問題のとき、金融庁保険課職員として損保ジャパンらと向き合った金融庁幹部は、佐藤が持ってきた業務改善計画の案に驚いた。*25 柱は、トップの「任期制」の導入だった。社長を4年以内とするもの。これは金融庁が求めたのではなく、佐藤が自ら打ち出した策だったという。

「『自分は平野にならない』と主張して済ますという選択肢もあった。こちらとしては、それでも異論は唱えなかった。あえて明示的に制度にしたのは、自分たちのどこに問題があったのか、どうすれば改善できるかを真剣に考えた結果だと思った。平野氏の属人的な問題に矮小化するのではなく損保ジャパンの企業風土、カルチャーを変えていく決意の表れだったと思う」

個性の強い人材が集まる企業風土からしてトップが長ければ弊害が大きくなる。使い古された格言でいえば「権力は必ず腐敗する。絶対だ」。佐藤は宣言どおり損保ジャパン社長を4年で辞めた。

その後任として2010年7月に就任したのが、櫻田だった。

都立石神井高校から早稲田大学商学部に入学。ゼミではケインズの『雇用、利子および貨幣の一般理論』を原著で輪読したという。経済学史上エポックメイキングにもなった名著とされるが櫻田は最終章の最後の部分、「経済学と政治哲学の分野に限って言えば、二五ないし三〇歳を超えた人で、新しい理論の影響を受ける人はそれほどいない」との一文に感銘を受けたと多くの場で語っている。

三好の社長時代の末期にあたる1978年4月、安田火災に入社。海上保険業務や本店営業部のほか、組合の専従役員を務めた。転機は、フィリピン・マニラのアジア開発銀行に出向していた時期にある。当初は苦労したようで「上司からきみの英語はひどい。仕事にならないから使えないと言われて、必死に勉強した」と語っている。[*26]

海外出向中の4年間で、英語のスキルが上達し、櫻田にとって強力な武器となる。

外遊中の国際担当の副社長、笹本国彦と会い、気に入られたことも幸運だった。笹本が当時の社長室長に「櫻田は優秀だからマークしておけ」と話した。その後、この社長室長が人事部長に就任した際、「特命人事課長」の候補5人の中に櫻田の名前を見つけ、抜擢した。

そこで櫻田は頭角を現す。部長や課長など管理職の報酬を責任や業務内容の大きさで変動させる人事制度を手がけた。平野ら役員らに事前説明にいった際、厳しい指摘を受けると、「目から鱗が落ちました」と感心したように応じながらも、結局は自らの案を基本的に通した。[*27] 胆力と飄々さが櫻田の評価を高めていった。

2010年に損保ジャパンと日本興亜がNKSJホールディングス(HD)を設立し、経営統合した。11年には、損保ジャパンと日本興亜の合併の交渉が進んでいたが、早期に実現したい損保ジャパン側と、日本興亜出身でNKSJHD会長の兵頭誠らを中心とした一派で意見がまとまらなくなる。当時、金融庁幹部で統合交渉の報告を受けていたOBは「統合交渉が遅々として進まない。お互いが腹を割って話せているような状況ではなかった」と振り返る。

結局12年4月、HD社長に就いていた佐藤と会長の兵頭がともに退く形となり、櫻田がHD社長を兼務することになる。その2年後の14年、損保ジャパンと日本興亜の合併がようやく実現。以降、損保業界は東京海上、損保ジャパン(当時の名称は損保ジャパン日本興亜)、三井住友海上、あいおいニッセイ同和損保の「4強体制」となった。

HDトップの櫻田は斬新な手をいくつも打った。

15年には居酒屋ワタミの介護子会社を買収し、介護事業に本格参入。世間を驚かせた。ワタミは当時、社員を酷使する「ブラック企業」と批判されており、規制産業である金融機関による買収にはリスクもあった。櫻田は「経営会議や取締役会で反対する意見もあり、かなり議論になった。ただ、課題先進国の日本で我々は保険を売るだけの企業ではない。最終的には私が決断した」と語っている。[*28] 16年にはHDの名前を現在のSOMPOHDに。翌年には米保険大手のエンデュランス・スペシャルティ・ホールディングスを買収している。

数々の重要施策を主導した櫻田の功績は間違いない。

だが10年超にわたってグループトップを務めた間に、少しずつひずみがたまっていく。

櫻田は「脱保険会社」を標榜した。「入社した時から『保険屋さん』と呼ばれていた。無理にプッシュしないと売れないからだ。プッシュがないと契約してくれないのが保険だとすると、それは違うだろう。これからは脱保険会社だ。保険会社を超え、安心、安全、健康のサービスを提供するテーマパークをつくる」と語っている。[*29] 近年はデータビジネスにも注力。念頭にあるのは、「グーグルのようなプラットフォーマーだ」とまで話している。

威勢はよいが、中核である保険事業の「ドブ板営業」が会社を支えているのは、今も昔も変わらない。役員を含めた複数の損保ジャパン幹部が「国内の保険の事情、現場を知らないのに数字には厳しかった」と証言する。

また、16年に損保ジャパン日本興亜社長に就任した西澤敬二とは次第にあつれきが生まれていく。[*30]西澤は年齢が近く、櫻田に言い返すことができた。だが、櫻田が持論を変えることは少なかったという。「現場を知らない櫻田に報告を上げてもいいことはない」という空気がいつしか損保ジャパン内に醸成されていった。秘書部特命部長、経営企画部長と、間近でそんな西澤の立ち振る舞いを見ていたのが白川儀一だった。

22年に白川を西澤の後任に選ぶ際、HDのある社外役員はこうした2社のゆがみが継承されてしまうのでは、と懸念を持っていたという。

グループ内に危うさを生みながらも、櫻田はさらに飛躍していく。

左から経団連の中西宏明会長、日本商工会議所の三村明夫会頭、経済同友会の櫻田謙悟代表幹事＝2020年１月

19年4月、櫻田は経済同友会の代表幹事に選出。経団連などと並ぶ「経済3団体」のトップ就任は、保険業界で初だった。規制業種から、しかもCEO職のまま経済団体トップになることには異論も出た。

櫻田はインタビューで「(指名・報酬委員会から)出た意見にジーンときた。『これくらい(代表幹事)の仕事はグループCEOのミッションとして考えていい。それくらいできなければダメだ』と。大変なプレッシャーを感じているが、そういうことだと思う」と語っている。[*31]

これに対し、同友会で現在も高い役職にある財界人は「本来、同友会は経営者が個人の立場で参加し、会社の利害を超えて策を提言する組織だ。会社の利益誘導のためとあからさまに宣言しているようなものだ」と筆者に語った。[*32]

いずれにせよ、安田火災を含め、過去の経営陣はおろか、東京海上ですら到達できていない高みに櫻田は立った。損保ジャパンの役員の一人は「代表幹事になった頃から、誰が何をいっても聞かなくなった。あからさまにおごりがでてきた」と振り返る。

「不可解な人事」も、「物が言えない雰囲気」に拍車をかけたという。

複数の関係者によると、あるとき、櫻田は厚労系の有力政治家と懇談の場を持った。SOMPOケアの次期社長と目された損保ジャパン専務も呼ばれた。だが、そこでの専務の振る舞いが、櫻田の不興を買ったという。翌日以降、彼の処遇をめぐって専務を守ろうとする損保ジャパン首脳らと櫻田らで対立。結果、専務は別の関連子会社に異動した。損保ジャパン役員は「我々が手を出せないHD子会社人事を使われた」と話す。一方、HDは主要子会社のトップについては「経営を担う者としてふさわしい人材を選任している」と筆者の取材に回答している。

HDは19年6月、「指名委員会等設置会社」に移行。HDや損保ジャパンの取締役選任は指名委員会が候補者案を決定している。遅くともこの時期には佐藤が打ち出した「任期4年」は消滅。このとき西澤は4年目、櫻田はHD社長の8年目を迎えていた。佐藤が改善計画を出したとき、HDはそもそも存在していなかった。

スローガンと現実

金融庁では2020年初旬頃、櫻田の報酬が疑問視された。

櫻田の役員報酬は19年度、3億2600万円。前年度の報酬約2億4800万円から1億円近くあがっている。この間、事業が急成長したわけではなくHDの最終利益は減益だった。業界1位の東京海上HD社長の小宮暁《さとる》は1億3300万円、同2位のMS&ADホールディングス社長の柄澤康喜が1億3100万円だった。

この頃、大規模な自然災害に相次ぎ見舞われ、火災保険料は度々値上げしていた。大規模災害に備えて積み立てる「異常危険準備金」について課税されない割合を増やしてもらおうと、業界を挙げて政治家や行政に働きかけていた。

「税の要望などで財務省に陳情に出向く際、櫻田氏が突出した報酬だと説明ができない」と、日本損害保険協会の幹部が金融庁にも訴え出ていた。

SOMPOHDは役員報酬を報酬委員会で決めているが、ルールは複雑で不透明だった。固定報酬だけで東京海上HDの社長の総報酬を超えているが、有価証券報告書には「外部報酬コンサルティング会社が実施する役員報酬調査に基づくマーケット報酬水準を参照したうえで、妥当と考える水準に決定する」と記すだけだった。業績連動報酬の部分も、修正連結利益など主要な目標値は未達だったが、「報酬委員会は期待通りの成果を挙げたと評価した」とあった。「自分を最大手の事業会社CEO並みと思っているのかもしれない」。当時、金融庁監督局の幹部はこう漏らした。

現場と乖離した放言も目立った。

20年春、新型コロナの対応をめぐって損保業界と金融庁は対立した。工場や飲食店が休業し、イベントや旅行のキャンセルも相次いだ。休業中の利益を保障する「店舗休業保険」など、損保に期待が集まったが、業界は補償対象外の一点張り。金融庁は4月上旬、当時、協会の部会長だった損保ジャパンを呼びつけた。[*33]

金融庁「契約者や社会の要請、ニーズに応えていくのが保険会社の使命。前向きに検討をお願いしたい。例えば店で感染が発生した際の休業期中を補償するとか」

損保ジャパン「新型コロナを補償対象にして、全国に蔓延する事態になれば、保険金の支払い対象が多数発生することになる」

金融庁「感染者がそこまで増大すれば、緊急事態宣言などでそもそも休業となり、店舗が稼働しなくなる。保険事故は逆に減るのでは」

損保ジャパン　「リスク量が測れないから補償範囲にはできない」

金融庁　「保険のプロに申し上げにくいがリスク量が測れない企業向け保険はいくらでもある」

この「バトル」の2日前。櫻田は、日経のインタビューでコロナ禍に損保ができることとして「店舗休業保険」を挙げ、「損害発生による一定以上の減収で利益も縮小し損失になるとみなす。保険会社の支払いノウハウを生かせば、規律を保ちつつ資金支援できる」と語っている。[*34]

櫻田の崇高な理念と、現実を引き受ける損保ジャパンの距離は抜き差しならないところまで広がっていた。

損保ジャパンは22年6月、HD指名委の提案をきっかけに社外取締役制度を廃止している。「株主を代表するHD取締役に一元化することによりグループ全体での一貫した経営戦略を実行する」などと説明している。[*35]だが損保ジャパン役員は「耳の痛いことを言う社外取締役の一人に対し、それをよく思わない櫻田らHD側が退任を望んだが、損保ジャパン側が抵抗した。するとHDは指名委の勧告として社外取制度ごと廃止に追い込んだ」と証言する。

櫻田にとって運命の分かれ目はこの年だった。

西澤は6年で退任。一方の櫻田は社長こそ執行役専務の奥村幹夫に譲ったが、CEO職は続投した。関係者によると櫻田は当初「社長をもう少しやる」と話していたが、21年夏頃になると「会長になるけどCEOは続ける」に変わったという。

23年4月18日、同友会代表幹事の最後の会見で櫻田は「新型コロナウイルス感染症とウクライナ戦争を機に（経済同友会に使う）時間が増えてきた。任期4年目が最も多く、平均して5割ほどの時間を使っている印象だ。多い時は8～9割の時間を割いてきた」と語った。ちなみに櫻田の22年度の報酬は4億7700万円だった。

またしてもワンマン政権の長期化が弊害をもたらした損保ジャパン。今回は指名委にも問題があるのではないか。「指名委が適切に判断している」というのが任期制をとらない根拠だった。筆者は24年1月の会見で、別件があり中座しようとする指名委委員長のスコット・トレバー・デイヴィスに「櫻田さんは功績があったが長かった。そろそろ辞めたらと言えなかった指名委の責任は」と問うた。

デイヴィスは「結果的には長かったが、担って頂きたいミッション、成し遂げて頂きたいトランスフォーメーションにポジティブな役割を果たしていた。一年区切りでやっていた。緊張感をもってやってきており、なれ合いはなかった」と答えている。

＊1　この章は主に損保ジャパンの4人のOBと複数の現役幹部への取材（2023年9月～24年2月）、片山郁夫『わが国　損害保険産業の発展史　大衆保険にみる競争協調のダイナミズムとサスティナビリティ』（22年、デザインエッグ）および片山の各種オーラルヒストリーによる。

＊2　片山22年p285。
＊3　安田火災海上保険『挑戦と躍進　安田火災百年小史』（1988年）p197。
＊4　「経済界」（77年2月1日号）。
＊5　片山22年p299。
＊6　「経済界」（73年2月号）。
＊7　「週刊文春」（73年1月29日号）。
＊8　朝日新聞89年8月12日付夕刊コラム。
＊9　「財界」（80年4月22日号）。
＊10　宮武康夫『安田火災残酷物語：前安田火災社長の告発手記：政・財・官界にわたる腐蝕の構図』（86年）p29。
＊11　朝日新聞83年2月3日朝刊。
＊12　朝日新聞83年2月5日朝刊。
＊13　朝日新聞89年8月5日夕刊コラム。
＊14　朝日新聞87年4月10日朝刊。
＊15　櫻田謙悟へのインタビュー（18年7月4日）。
＊16　「日経ビジネス」（88年8月15日号）。
＊17　「経済界」（98年11月17日号）。
＊18　「BOSS」（2005年4月号）。

＊19 「PRESIDENT」（14年2月17日号）。
＊20 「日経ビジネス」（06年9月11日号）の情報をもとに旧安田火災OBを取材（24年2月9日）。
＊21 朝日新聞04年4月8日朝刊。
＊22 安田火災OBへの取材（24年2月9日）。
＊23 不払い問題を担当した元金融庁幹部への取材（14年3月15日）。
＊24 朝日新聞06年5月25日〜26日朝刊。
＊25 当時、金融庁保険課の職員だった現役幹部への取材（24年1月29日）。
＊26 櫻田謙悟へのインタビュー（18年7月4日）。
＊27 「PRESIDENT」（14年2月3日号）。
＊28 櫻田謙悟へのインタビュー（18年6月8日）。
＊29 櫻田謙悟へのインタビュー（18年7月4日）。
＊30 事情を詳しく知る損保ジャパン役員と、複数の金融庁関係者への取材（24年1〜3月中旬）。
＊31 東洋経済オンライン（18年12月27日）。
＊32 経済同友会幹部への電話取材（23年12月12日）。
＊33 20年4月7日、損保ジャパンらが金融庁を訪問した際の議事録の情報。
＊34 日経電子版（20年4月5日）。
＊35 SOMPOHD広報への筆者による取材の回答メール（24年4月11日）。

第五章
損保業界の膿

ビッグモーターを紹介してMVPになろう?

「ノルマだからビッグモーター(BM)を紹介してきた。長年お付き合いいただいているお客様の信頼を裏切り、直接怒られるのは我々だ」

西日本の保険代理店に勤める50代の男性は東京海上日動火災保険に対して憤りを隠さない。[*1]この代理店は数十年にわたり、同社の専属代理店を務めてきた。損保各社は代理店に対して、自社が指定する修理工場に顧客を紹介することを「ノルマ」に課しており、東京海上もその一つだった。

同社は「TOP QUALITY(TQ)代理店」という制度を設けている。代理店向け資料によれば、TQとは、「地域にとってなくてはならない企業として永続的に経営する能力を有した代理店」だという。その認定要件の一つに「指定工場への入庫紹介」があり、「入庫紹介率が10%以上」「前年同期間の数値以上」といった基準を示していた。

同社によると、元々「事故時に(顧客に対して)各種のアドバイスを行っている」というのが要件の一つにあり、2013年度の案内から入庫誘導がその例示として追加されたという。17年度からは先ほどのような数値目標も登場した。同社広報は「未達だからといってTQに認定されないわけではないが、それぞれの代理店とのコミュニケーションにおいて、本指標を満たすことを求めるケースはあった」としている。

問題なのは、この指定リストに中古車販売大手ＢＭの名もあったことだ。代理店は事故に遭った顧客が連絡してきたとき、東京海上の定めに従い「オススメの工場」としてＢＭを紹介してきたのだ。

損保各社は事故車をＢＭに紹介すれば、自賠責の契約をもらえるルールになっていた。保険会社にはうまみのある仕組みだが、代理店にとってそんなことは知ったことではない。

「リストに入った工場は優良なところだという信頼が前提にあった。でも実際は自分たちの実入りのためにＢＭを指定していたのではないか」。男性は疑念を募らせる。

実際、損保各社は競うようにＢＭに事故車を紹介していた。

損害保険ジャパンは見返りのうまさに目がくらみ、いったん停止した入庫を損保で唯一再開させた。大きな代償を支払う判断ミスだったが、東京海上や三井住友海上火災保険が完全に「シロ」だったとは言い難い。２社は入庫誘導を停止こそしたが、その対応が現場にどこまで浸透していたかは微妙だ。

例えば、東京海上は22年6月、ＢＭによる不正の疑いを受け、25工場への入庫誘導をやめた。だが、「この時点では、『疑義事案』という位置づけだった」（広報）とし、代理店への周知は行っていなかった。

全工場の入庫誘導を停止した同年9月に、営業担当が代理店に対し「注意喚起した」というが、先ほどの男性はこの時期になっても指定工場の一覧にBMがあったと主張する。東京海上の広報は「本社側で管理しているリストでは22年6月時点でBMを削除しているが、地方エリア毎に（リストを）作成・配布しているケースもあり、そこにBMの名前が残っていたケースはある」と認める。

BMを含む修理工場の紹介を代理店に課していたのは、東京海上だけではない。損保ジャパンは「プロフェッショナルエージェント（PA）」という認定制度を設けている。[*2] 「お客さまに永続的かつ高品質なサービスを提供できる、地域のモデルとなるプロ代理店」を認定する制度で、同社を扱う約4万7千の代理店のうち1千店ほどしか認定されていない。PAに認定されれば、代理店に入る手数料も増える。

認定要件のなかには「指定工場」への入庫誘導件数も含まれていた。工場のリストにはBMの名もある。

東海地方の代理店で働く40代の男性社員は、損保ジャパンの対応に憤る。

23年9月下旬、「PA制度におけるDRSが関連する要件の判定」と題する案内が代理店向けに通知された。DRSとは入庫誘導のことを指す。男性は、BMを指定工場とした経緯や顧客に紹介してしまった代理店に対する謝罪があるものと思っていた。

だが通知では「皆様に大変なご迷惑とご心配をおかけしております」と謝罪の言葉はあったものの、「不正請求事案が発生したことを踏まえ、当社では、DRS制度の抜本的な見直し（工場の選定基準の変更など）を検討しております」と記されていただけだった。

「損保ジャパンの看板を出しているだけで白い目で見られる時期だった。もう少しきちんとした説明や、不安を解消する施策があってもよかったのではないか」

損保ジャパンではPA制度に加え、「MVP（The Most Valuable Professional agent）」と呼ばれる代理店表彰制度もあった。代理店向け資料では「最優秀のプロ代理店を意味し、『agent』とあえて単数形にすることにより『only one』すなわち他に代えがたい存在のプロ代理店であるということをあらわしている」と説明している。

ここにもやはり入庫誘導が評価項目に入っていた。「MVP」になるには1千点が必要とし、入庫誘導は1台あたり5点で上限250点と設定されていた。

「BMを紹介してMVPになろう、というのだから笑うに笑えない」。先ほどの男性社員は苦笑する。

岐路に立つ専業代理店

戦後の損保業界は代理店とともに歩んだ歴史だった。

代理店の店舗数の推移　日本損害保険協会の資料を元に筆者作成

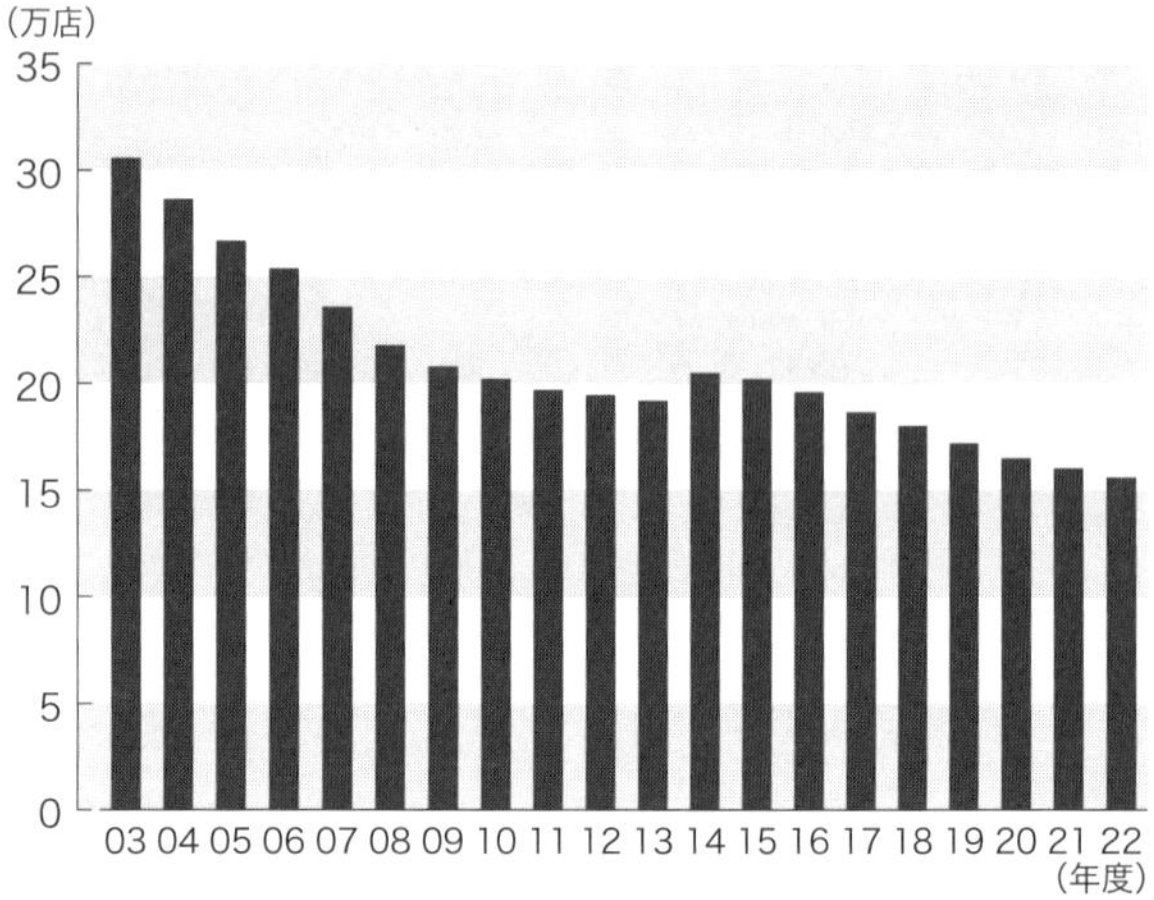

日本損害保険協会（損保協）によると、2022年度の損保代理店は全国で15万6152店。BMのように別の業務の傍らで保険を売る代理店を「兼業代理店」（副業代理店）といい12万8379店（82・2%）ある。損保販売に専念する「専業代理店」は2万7773店（17・8%）だった。扱う損害保険会社の数による区分もあり、1社の代理店を「専属代理店」といい11万9712店（76・7%）、複数扱う「乗り合い代理店」は3万6440店（23・3%）だった。、ただ、社員の高齢化や代理店の大型化にともない、代理店の数は減少傾向にある。

代理店は損保からの手数料を収入源としている。

先ほどの東京海上や損保ジャパンの代理店は専業代理店であり、「プロ代理店」とも呼ばれる。こうした代理店には、以前は獲得した契約の収入保険料に応じて手数料が支払われていた。だが03年に導入された「手数料ポイント制度」により、収入保険料にポイントを乗じた額を受け取る手数料体系となった。損保が重視する項目ごとにポイントが設定され、その達成度合いに応じて手数料が変わる仕組みだ。

戦後、各社は自社の商品を売ってくれる代理店の数を競った。人口増やモータリゼーションに併せて収入保険料がどんどんと伸び続ける時代。算定会制度のもと、どこの商品も内容は同じであり、各社がシェアを伸ばすには営業体制の充実がものを言った。

だがその後、マーケットは頭打ちに。乱立した代理店のなかで小規模で成長性のないものはお荷物になった。ポイント制度は、こうした代理店を統廃合させる手段にもなった。

どこも似たような内容だが、例えばある社の代理店向け資料によれば、ポイントは20～110まで差があった。このポイントにより同じ保険を販売しても代理店の実入りは大きく異なる。

例えば保険料10万円の自動車保険を売った場合。ポイント制度の導入前はおおよそ2万円の手数料が入っていた。ポイント制度のもとでは、基本となる手数料率（商品ごとに異なる）が20％だとすると、20ポイントしか得られなかった代理店では手数料が4千円となる。一方で110ポイントを得た代理店は2万2千円まで跳ね上がる。

代理店にとってポイントの多寡は死活的ともいえる。ポイント加点で最も重視されるのが、代理店の「規模」と「成長性」だ。

代理店がこれまでに獲得した契約の1年間分の収入保険料を「挙績《きょせき》規模」、前年と比べてその挙績がどれくらい伸びたかを「増収率」と呼ぶ。その高さに応じて各店のポイントが決まる。

例えば増収率が0％（前年と同じ収入保険料）だった場合、挙績規模が「5億円以上」だと78・5ポイント、「3千万円未満・1千万円以上」だと45ポイントと、30ポイント以上も異なる。挙績規模が「2億円未満・1億円以上」で、増収率が「150％以上」だと86ポイント、「0％」だと76ポイントと、10ポイント差が出た。

手数料ポイント制度をめぐっては、関西を中心とする代理店が23年7月21日、独占禁止法上の「優越的な地位の濫用」にあたるとして公正取引委員会に申告を行った。代理店や従業員が申告人となり、その数は全国で260人を超えた。

弁護団の一人、喜田崇之弁護士は同制度について「保険会社が一方的にポイント評価項目を設定しているうえ、規模が大きく伸びている代理店でないと、手数料が低くなる。地方で真面目に働いている小規模代理店は苦しめられている。非常に問題が大きい仕組みだ」と指摘。ポイント数や評価項目が、毎年のように保険会社の思惑で変更されてしまうのも、代理店を苦しめているという。

ドラレコ特約付帯率、モバイルアプリ活用状況、自動車28日前早期更改率……。ある損保の代理店向け資料には、24年7月から適用するとし、代理店手数料体系の変更点が記されていた。クリア基準や付加されるポイントはそれぞれに異なる。代理店の従業員らは損保から毎年送られてくる手数料に関する案内の解読にてんてこ舞いになる。

代理店らで作る「損害保険・代理店手数料ポイント制を考える会」がメールを送るなどして23年に実施したアンケート（139社が回答）の自由記述欄では、損保の姿勢について「支社長から増収がなければ未来はない、歯をくいしばっても伸びる代理店のみ会社は援護する、現状維持は衰退のみとまでいわれた」、ポイント制度については「一方的に保険会社の要望や都合を押し付けるような項目が多くあり、顧客、保険会社、代理店の三方良しになっていない内容が多すぎる」といった不満が記されていた。

ディーラー地獄

損保協によると、全国の代理店のうち、54・8%が「自動車関連」の兼業代理店である。損保各社は専属代理店に「大規模化、増収」を厳しく迫る一方、優良な兼業代理店には過剰なまでの配慮をしてきた。「ネッツトヨタ」「ホンダカーズ」など、自動車メーカーと正規販売の契約を結んだ「ディーラー」においてとくに優遇は顕著だった。

チャネル別の構成比

日本損害保険協会「ファクトブック2023
日本の損害保険」を元に筆者作成

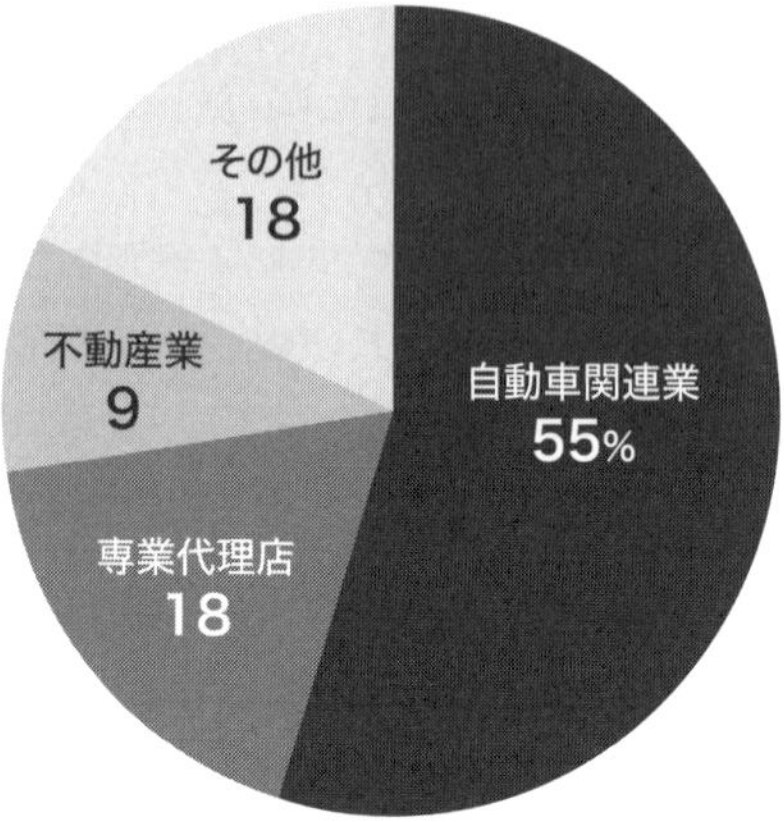

そもそも手数料ポイントで、ディーラー代理店と専業代理店で大きな違いがある。先ほどの公取委への申告書によると、例えば東京海上日動では増収を０（収入保険料が前年と同じ水準）とした場合、専業代理店の規模・増収率ポイントの最高は78・5であるが、ディーラーは１００・６だった。

何より異常なのが「本業支援」だ。

ディーラーには自動車メーカーが子会社として直接運営する「直資系」と、地域の企業が運営する「地場系」の二つが存在する。とくに「地場系」への本業支援は激しいという。

以前、自動車営業部で働いていた大手損保の中堅男性社員は当時を「およそ保険を売るという存在ではなかった。もう戻りたいとは思わない」と振り返る。[*3]

ディーラーの店舗がどの損保の商品を扱うかは「テリトリー制」と「つかみ取り制」の2種類がある。

テリトリー制は、店舗を訪れる顧客に対して案内する損保会社が決まっている。ディーラーから呼ばれるなど特別な事情がない限り、原則としてその店舗には担当損保しか立ち入ってはいけない。一方、つかみ取りは、店舗としてはどの損保を案内してもよく、ディーラーの社員次第となる。

男性が働いていた地域のディーラーはテリトリー制を導入していた。男性は8～10店舗ほどを担当。日替わりで店舗に通い、社員らに勉強会を開いたり、契約手続きの手伝いをしたり店舗をサポートするのが業務だった。

「本業支援」は生活の至るところに浸透している。

ディーラーが新店をオープンする際には、開店イベントにかり出される。店舗内の接客は当然、ディーラーの社員の役割。男性ら損保に任されるのは駐車場の整理係だ。

夏は暑く、冬は寒い。冬の雨の日にあったイベントの際には、カッパを着て誘導した。イベントは土日が多く、もちろん休日返上だった。

ディーラーでの自家用車の購入は当たりまえ。近年の自動車の平均使用年数が10年を超えるなか、次の車検がこないうちに買い替える。

営業部門では、家族、親戚、友人、取引先にいたるまで自動車を購入してくれる人を探し出し、ディーラーに紹介する。紹介の目標が支社の表彰制度の基準にもなっており、未達は許されない。ディーラーの取引先への支援まで引き受ける。

「自爆」は当然。携帯を新規購入してはある程度経った後に解約。また購入を繰り返す。VISA、JCB、マスターカード……。クレジットカードを複数枚持たされた。

テリトリー制では店舗内で扱う保険会社が決まっているのになぜそこまでするのか。

大きな要因は「損保レース」だという。

このディーラーでは年に一度、店舗の担当損保を見直す。新車特約や代車費用特約などディーラーにとって手数料が高くなるオプションの付帯率や、本業支援の貢献度が変更の要素となる。

テリトリーを奪われれば、担当部署の収入保険料は大きく落ち込む。上司や自分の人事評価に影響し、次の異動にも直結する。毎年、1~2月頃には当年度の達成率がディーラーから示される。その頃には営業部門が一丸となって、本業支援に心血を注ぐ。

テリトリーを死守したとしても気は抜けない。

自動車保険は1年や3年での更新が多い。契約更新の際、それまで他損保と契約していた顧客を自社に切り替えてもらうのも重要な仕事だ。

自動者保険の更新2~3カ月前には、契約者の更新に必要な申し込み書類がディーラーの店舗に届く。損保の営業担当は店舗内に入り込み、その書類を見る。他社の契約だった場合、同じ契約内容を自社で契約する申し込み書類をつくり、「うちのも用意したのでお願いします」と社員に渡すという。

だが、社員によっては聞き入れてくれないこともある。損保の営業担当らはあの手この手を使って社員にすり寄り、他社契約をひっくり返していく。

とくに神経を使うのが「トップセールス」という存在だ。

ディーラーでは、社員が自動車を売るほど給与が上がる。なかには医者や大学教授など分厚い顧客基盤を持ち、好成績を挙げ続ける者もいる。保険契約も多く、年間の収入保険料が1千万円を超える者もいるという。

こうしたトップセールスと呼ばれる社員はプライドが高く、店長よりも力があることが多い。別の損保が「テリトリー」としている店舗から人事異動で移ってきたときがとくにやっかいだ。本来、テリトリーが替わったので、顧客に提案する損保を替えるルールがあるがトップセールスは保険にこだわりを持ち、言うことを聞いてくれないことも多い。「お客さんが望んでいるんだから」と言われれば、引き下がるしかない。

男性はこうしたトップセールスに食い込むために何でもした。

その一つが、夏のカブトムシ採集だ。ディーラーが休日に開くイベントで多くの客を集めるには、子どもたちにアピールすることも重要だ。男性は子どもたちへの来店プレゼントのため、平日朝4時に森でカブトムシを採集。家に一度戻りシャワーを浴びて、会社に通うという日々も経験した。

大手損保の別の幹部も「まさにディーラー地獄。求められるがまま自動車を2～3台保有する社員もいた」と話す。少しでも負担を減らすため、車検を通さず自宅の庭に車体を放置している社員も存在したという。酒、釣り、ゴルフ……。徹底的にディーラーの社長に付き合い、ズブズブになる。社長から「明日、5人頼める？」と言われれば、イベントに部下を喜んで派遣する。断ったら、テリトリーが他社に奪われてしまう。

社長やトップセールスに気に入られ、テリトリーや他社契約をひっくり返せば評価され、出世していく。

ものを言うのは「本業支援」であり、保険商品の提案力はほとんど関係ない。

最近では、ディーラーが新規オープンする際の土地を紹介する「用地紹介」が新たな支援手法としてブームになっているという。ある社では専門部署を立ち上げ、「1千件以上の不動産情報を持っています」といった提案資料まで作成しているという。

先ほどの社員は「いったい私たちは保険会社なんですかね」と苦笑する。

カルテルの衝撃

損保業界は「本業支援」という名の下、優良代理店に対するゆがんだ競争を繰り広げる一方で、奇妙な癒着も見せる。2023年6月、損保4社によるカルテル疑惑が発覚し、それをきっかけに長年のなれ合いの実態が暴かれていくことになる。

金融庁は23年12月26日、損害保険大手4社によるカルテル疑惑で、保険業法に基づく業務改善命令を4社に出した。企業や官公庁などの取引先と結んだ保険で、不適切な調整行為が確認されたとし、疑いのあるケースは計576社・団体にのぼった。

通常、金融庁が行政処分を下す際は、立ち入り検査を実施し、その結果を見て判断する。今回は保険業法に基づく報告徴求命令を出した後、立ち入ることもなく、処分を出した。損保に一斉に改善命令を下すのは不払い問題で業界が揺れた07年以来だった。

4社は24年2月29日、業務改善計画を公表し、役員報酬の減額などの処分を受けた幹部は4社で計132人と異例の規模になった。最も処分数が多かったのは東京海上で、全役員55人が処分された。

カルテルを含む事前調整を受けた疑いがあるのは、日産やENEOS（エネオス）、JR東日本、京成電鉄、東京都、千葉都市モノレールなど、名だたる企業・団体ばかり。鉄道、空港、製造、エネルギーなど事故リスクが大きい業種が目立つが、特定業種に限らず幅広く行われていた。

最初に表沙汰になったのは、私鉄大手の東急グループだった。[*4]

22年11月上旬、損保A社の法人営業部門に一本の電話が入る。

電話主は東急の保険担当者。

「契約している保険の契約更新にあわせて見積もりをお願いしたい」

東急が契約する保険は主に、火災保険などからなる「企業財産包括保険」（財産保険）と「賠償責任保険」（賠責保険）の二つ。財産保険は、工場、事務所、倉庫など、企業が所有する複数の物件を、一つの契約で補償するもの。賠責保険は事故などで顧客に被害を与えてしまったケースなどを補償する。鉄道や不動産、ホテル、リゾートなど幅広く展開する東急は駅舎や車両、店舗など数多くの財物を所有している。損保会社にとっても巨大なリスクのため、いずれの契約も「共同保険」の仕組みをとる。

共同保険では複数の損保が責任を分担する。最も低い保険料を提示した損保が最多のシェアを持つ幹事会社となる。幹事がその保険料水準で、他の損保に残りのシェアの引き受けを提案する。ただ、この説明は表向きであり、実際には政策保有株や本業支援など保険以外の部分でシェアが決まることも多かった。

「今回の見積もりはシェアに影響するのか」

損保Aの営業担当が尋ねると、東急の保険担当は「幹事の保険料の妥当性の確認のためであり、あくまで参考でお願いしたい」と返ってきた。

東急の幹事は財産保険が東京海上だった。両社のつながりは深い。同じ旧三菱財閥グループ系の三菱UFJ銀行がメインバンクであり、東京海上は東急株も保有する。東京海上の元社長である隅修三相談役が、東急の社外監査役を務めてもいた。

だが、東急内の一部は東京海上の値付けに不信感を持っていた。

東急の依頼から数日後、東京海上の担当者が、損保Aの営業担当に「見積もり対応について打ち合わせをお願いしたい」と連絡してきた。

打ち合わせに現れた東京海上の法人営業部門の中堅社員は、自社の直近の料率内容や損害率を自分から説明していった。そして「現契約の適用料率に対し120~140%程度で東急に提示しようと思っている」と営業秘密を明かした。数日後、今度はスマートフォンのSMSに「B社は現行料率の百数十%水準で見積もりを出すのに了承してくれた」とのメッセージを送り、「御社の見積もり水準を教えてほしい」と頼み込む。

幹事の東京海上にしてみれば、他社が自分たちより大きく保険料を下げる事態は避けたかった。他社にしても、あえて低い料率を提示したとしてもシェアが変わらない。東京海上の求めに応じてもデメリットはなかった。むしろ、東京海上が値上げすれば、自分たちのシェア分の保険料も上がる可能性があるため都合が良い。各社がそろって東京海上の意向に沿って東急に見積もり書を提出した。

だが、目論見はすぐに暗転した。

翌月、東急の保険担当部長から各社は電話を受ける。「各社の保険料があまりに似通っている。疑念を抱かざるを得ない」。不信感を抱いている様子で「改めて見積もりを出せ」という指示も出た。

その後、東京海上のコンプライアンス部門が、中堅社員のパソコンのメールやスマートフォンの記録を調べたところ、これまでの調整行為が明るみに出た。

各社の幹部は東急を訪れ謝罪。見積もり書を改めて提出した。ガチンコで入札を実施し直した結果、保険期間は3年から1年に変更されたが、既契約内容（年換算）の85％の料率に下がった。

東急では財産保険だけでなく賠責保険でも不適切な調整行為の疑いが発覚。だが、東急に対する説明が各社で食い違い、混乱した。各社は時系列を示した書面の提出を東急から求められてまでいる。

問題の発端となった東京海上は、社長の広瀬伸一が複数回、東急を訪れ、謝罪している。

自社の元社長を監査役にまで出しておきながら、不適切な行為を仕掛ける「強心臓」もさることながら、発覚後の不適切な対応も不信感を招いたようだ。

金融庁に対する任意報告でも、東京海上は矮小化を図った。「個人の属人的な問題」であることを強調。東急にバレたため調整行為が「未遂」に終わったこともあり、当初は不詳事件として金融庁に届け出をする意向を持っていなかったが、同庁に指摘され、届け出る始末だった。

東京海上は23年6月20日にリリースを公表。ここでも、「当社社員による不適切な行為」「当社社員が主導した」と一社員の不手際であることを強調したかのような書きぶりだった。

損保ジャパンブチ切れ

カルテル疑惑では損保各社の癒着体質が明るみに出たが、皮肉にも問題が表沙汰になって以降、各社に疑心暗鬼が生まれ、不和が拡大した。

東急でのカルテル疑惑が発覚した2023年6月は、2〜3カ月に一度をめどに開かれる損保協の定例記者会見と重なった。協会長は、東京海上、損保ジャパン、三井住友海上、あいおいニッセイ同和損保の4社が1年交代で回しており、この日はあいおい社長の新納《にいろ》啓介の協会長就任会見でもあった。

新納会長は東急での事案について「4社で調整してしまったことは本当にお詫び申し上げる」と謝罪した。

ただ当時、どこまで調整行為があったのか、各社の認識は食い違った。とくに東急の賠責保険について幹事だった損保ジャパンは、各社での実務的なやりとりは認めていたものの、保険料の調整行為を認めていなかった。

ところが、新納は「財産と賠責の二つの契約で価格調整があったか」という記者の問いに「はい、そうです」とあっさり認め、「両方の保険料調整に当社社員が関与してしまったという認識だ」とも語った。「損保ジャパンは賠責保険についてカルテル行為を認めていないが」との問いに対しても「それぞれ今後、調査が深まっていくなかで判明していくこともあろうかと思います」と述べている。

これに損保ジャパンがブチ切れた。

土日を挟み、会見から3日後には「抗議文」を協会に送りつけている。

「会見は協会長としての会見であり、その位置づけや切り取り報道リスクからも、個社としての発言は限定的に行うべき」

「財産、賠責とも保険料調整があったと確定的に認めるとともに、それを不正と断定する発言となっている」

厳しい表現で新納会長を批判し、「改善に向けた適切な対処を求める」とした。

政策保有株と本業支援

「保有している株式と『本業支援』で共同保険の契約シェアが決まっていたのは間違いありません」

数年前まで法人営業の部署にいた大手損保の中堅社員の男性は話す。[*5] この社員は複数の老舗大企業を担当していた。火災保険や賠責保険など各種商品の保険料や引き受け範囲を交渉したり、新たな契約先を開拓したり、企業相手に仕事をこなす。

営業担当は基準となる保険料水準をある程度決められるが、そこから特別に保険料を割り引くケースや、巨大なリスクを引き受ける契約の場合は、「アンダーライティング」と呼ばれる保険引き受けの可否を判断する専門部署が担う。

営業担当は基本的に、①新規契約をとる②既契約のシェアを上げる③現状よりも保険料を上げる、の三つが求められている。他社に幹事のポジションを奪われたら、営業成績という形で跳ね返る。「精神的なダメージは大きいですよ」と苦笑する。

共同保険の幹事やシェアの決まり方はまず、「政策保有株」を持っているか否かで異なるという。政策保有株とは後述するように取引先の企業同士が良好な関係を保つために取得した株式で、日本企業の間で広く浸透する慣行だった。

政策保有株を持つケースでは、すでに幹事の立場にいることが多い。この場合、わざわざ保険料を下げるようなことはしない。

例えば幹事が50％のシェアをとるケース。全体で1千万円の保険料だったのを800万円で提案すれば、得られる保険料は400万円となる。幹事があえて提案するメリットはない。

ほかの社に仕掛けられることはある。その場合でも、企業側が幹事をすぐに切り替えることはない。先ほどの社員は「株を保有する損保の機嫌を損なえば売却されてしまうという意識が働いていると思う」と説明する。企業にとって大株主の変更は経営の重大事項。保険を取り扱う部署はそうした部署に比べ力が弱いケースもある。「企業が下手にガチンコで値切れば、別の部署から怒られることもある」

そのため企業側は幹事に対し「A社が800万円と言ってきているので900万円くらいで泣いてもらえないか」と頼み込むという。

幹事と企業のこうした秩序がいったん形成されると、ライバル損保もあえて勝負を仕掛けようとしなくなる。シェアは変わらず保険料が下がるだけになりかねないからだ。

4社が保有する政策保有株（時価）は22年度末の時点で東京海上が約2兆5千億円、三井住友海上が約1兆8千億円、損保ジャパンは約1兆3千億円、あいおいニッセイ同和損保が約8

600億円だった。

本業支援ここでも

政策保有株のほかに、シェア決定につながっているのが、ディーラーなどに対して行っているのと同じような「本業支援」だ。

企業の求めに応じ、物品やサービスを購入する。オーダーメードスーツにケーキ、ホテルの宿泊券、携帯電話、自動車、クレジットカード、洗車、イベントの手伝い……。あらゆるものが本業支援の対象となっている。賃貸マンションを手がける総合不動産会社では、損保各社が、マンションの部屋数をどれくらい社宅にしているかでシェアが変わるという。こうした本業支援に対しては、担当営業部門の社員だけでなく、他部門の社員らも協力が求められるケースが少なくない。

筆者が入手したある企業の入札の案内資料には、入札結果によるシェア割り振りは1位が36%、2位が18%などとする一方で、政策株の割合で24%、営業協力の割合で8%を割り振る、とあった。損保幹部によると、これでも入札を重視している方だという。

カルテルの背景には企業代理店の存在もあった。ある大手損保の内部調査では、不適切な事案の1割弱が「企業代理店が起点」だったとした。

企業の多くは自社グループ内に保険代理店を置き、そこが仲介する形で損保と契約を結んでいる。他社代理店から入ることも可能だが、特有のメリットがあった。

企業代理店が扱う契約は、カルテルの舞台になったような企業自身が加入する保険だけでなく、従業員が加入する火災保険や傷害保険なども含まれる。これらの契約を得ると、損保から代理店に手数料が入る。先ほど説明した手数料ポイントや、契約の種類などにもよるが、おおざっぱに2割くらいのイメージだ。

企業にしてみれば、保険にはどうせ入るもの。代理店を作れば、手数料分が自社グループの実入りとなるため、事実上の値下げ効果をもつ。親会社の出向・転籍者を役員や社員にできるなど、余剰人員の受け皿にもなる。

損保による「社員代行」という慣習が、こうした企業代理店の運営を容易にさせた。保険の種類や内容を説明し、保険料を計算し、契約書を作成する、といった手続きは本来、代理店の仕事だが、損保の営業担当が代わりにこなしてしまう。損保からの出向者が担うケースもある。損保側に実務を丸投げし、安定した収入源にあぐらをかく代理店も少なくないという。

こうした構造は、損保各社によるカルテルの土壌にもなりえた。かりに各社がガチンコの入札を行い保険料が下がれば代理店の手数料減少を招きかねない。損保と癒着し、企業本体の利益を犠牲にするインセンティブが生まれる。

先述したように、こうした企業代理店の役職員の多くが親会社の出向や転籍者。損保にとっても「企業代理店＝親会社」という意識が働きやすかった。

企業代理店には本来、こうした弊害を防止する「特定契約比率」規制というものが存在する。代理店への出資比率が30％を超える企業（親会社やグループ会社など）や、代理店の役員を兼務する企業などを「特定企業」と位置づける。代理店の契約に占めるこの特定企業の割合を50％未満に義務づけ、30％を超えれば損保会社側から注意喚起すると金融庁の監督指針などに盛り込まれている。監督指針とは、金融庁が免許を与えている保険会社に対して、「こういう部分をチェックしていきます」という方針を示したもの。

ただ、1996年の保険自由化の際、激変緩和のための既存の代理店に対する猶予措置が導入され、以来、「当分の間」とされたがほぼ手つかずのままだ。

加えて、共同保険では引き受け方法を各社で話し合う必要があり、互いに面識があるケースが多い。代理店主催のボウリング大会や懇親会などもある。金融庁は処分理由で「営業担当者が他の損保と接触する機会が多いという損保業界の特性も、不適切行為等を発生させた要因の一つ」と指摘している。

ただ、そうであっても、カルテル行為にただちにつながるわけではない。企業を飛び越え、損保各社の間で情報を得たり、価格を調整したりすればアウトだ。

やはり損保側に、顧客を偽ろうとする姿勢があったと言わざるを得ない。そうした「罪の意識」を持つ社員も一定数いた。

大手損保4社が社員らに実施したアンケート調査（複数回答可）を金融庁がまとめたところ、「違法か不適切と認識しながら行った」との回答は33％だった。「違法か不適切か認識がないまま行った」が34％、「問題ないと認識していた」が33％だった。

例えば、仙台国際空港のケース。

同空港の財産保険の契約更改が迫り、東京海上、損保ジャパン、三井住友海上の3社に対し、代理店が見積もりを依頼。その際、「保険期間は3年」と仕様書に記し、「内容によって共同保険のシェアを決定する」と各社の営業担当者に通告した。

関係者によると、これまでの幹事社は損保ジャパンだった。東京海上の担当者から、三井住友海上と損保ジャパンに対し、「一度、関係者で目線あわせをしたい」と連絡があり、22年5月13日午後3時に3社が集った。

打ち合わせ場所は、東京駅近くにあるカラオケチェーン「ビッグエコー八重洲本店」。損保の社内でもなければ、喫茶店でもない。カラオケルームなら誰にも話が聞こえないし、見つからない。やはり後ろめたい行為と自覚があったようだ。

1時間借りたが、もちろん歌うことはしなかったという。このような不適切な調整行為の多くでカラオケルームが活用された。

環境の変化

最近の環境の変化も、問題を顕在化させる要因となった。98年の保険料率の自由化は、損保業界の合従連衡につながった。2014年以降、現在の大手損保4社の体制となり、企業向けシェアは8割強に。担当者間で調整しやすい状況が生まれた。各社はトップライン拡大を掲げ、企業保険のような「オーダーメイド型」の商品では元々、保険料水準を低く設定する傾向にあった。

加えて18年頃から自然災害が激甚化し、頻発化した。建物の老朽化も進み、世界的なインフレの進行で物損事故の修理価格も上昇している。リスクの分散を図るため、自社が引き受けた契約の責任の一部を他の損保に持ってもらう「再保険」の料率も高騰している。金融庁のまとめによると、風水害もカバーする火災保険は過去10年以上、損保4社の合算で赤字が続いているという。

収支改善が急務となり、各社は営業部門の人員を削った。ある社では一人の社員が受け持つ収入保険料は10年に4・1億円だったが、22年には8・6億円に増えている。

政策保有株の段階的な売却により、入札の件数も増える傾向にあり、業務負担は増した。一

不適切な行為等の開始年

金融庁「大手損害保険会社の保険料調整行為等に係る調査結果について」より筆者作成

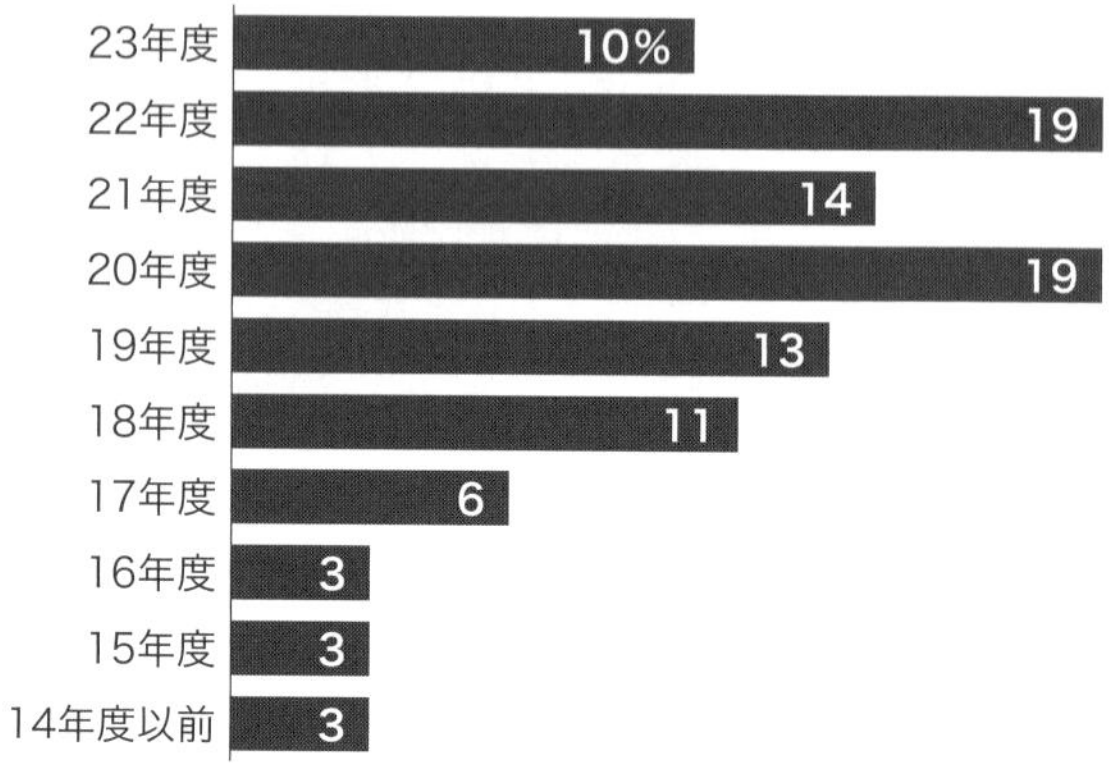

不適切な行為等に及んだ動機（複数回答可）

金融庁「大手損害保険会社の保険料調整行為等に係る調査結果について」より筆者作成

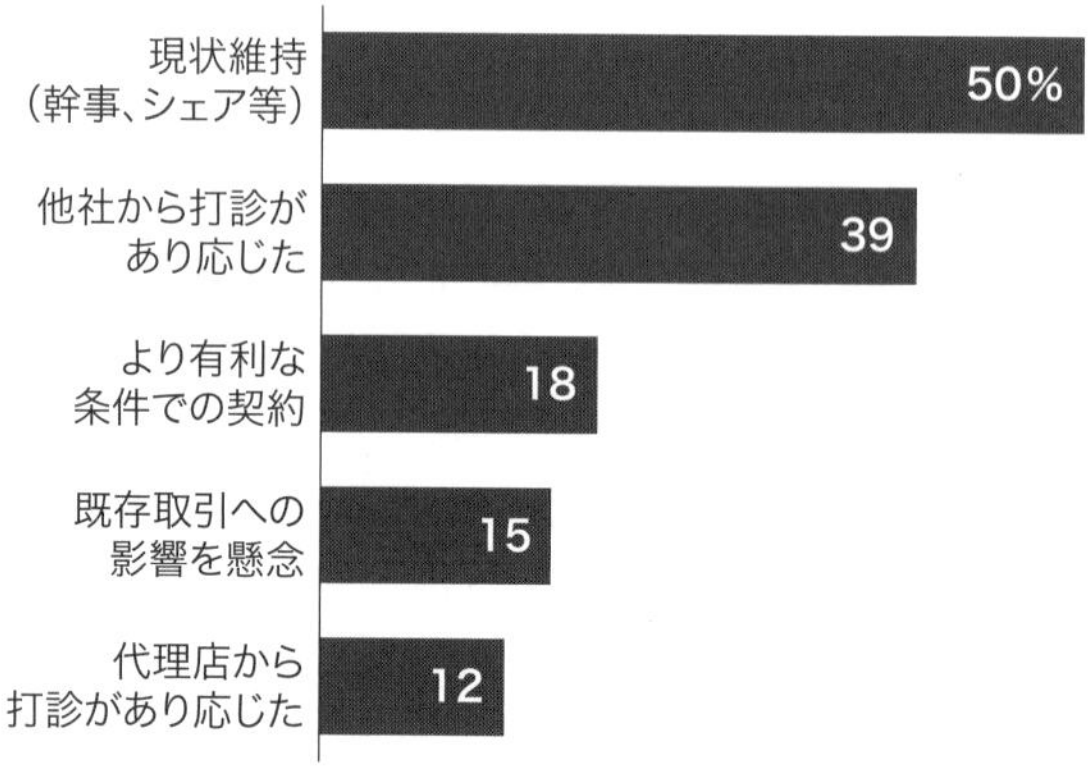

方で企業保険マーケットは飽和化し、9割ほどは契約の更改。新規は1割に満たない。

大手損保の営業担当幹部は「新規を取るのは難しく、契約を落とせない。保険料を上げる交渉も必要だが、大口に嫌われてもいけない。こうしたプレッシャーが高まっていったのだろう」と話す。

企業側にしてみれば、保険料はこれまで下げか横ばいだった。それなのに最近になって突然、増額の提案を受けるようになった。大口契約ほど、企業の方が損保よりも力が強い。先ほどの幹部は「『本気の入札に切り替えるぞ』と脅してくる企業もざらにある」と話す。入札で幹事の座を奪われれば、営業マンとして失格の烙印を押されてしまう。

こうしたプレッシャーのなか、企業との直接の交渉を避け、損保で内々に話し合い、保険料の水準を維持したり、有利な条件に持っていったり企業に対する不適切な行動が増えていったのだ。金融庁のまとめでは、不適切な行為等に及んだ動機（複数回答可）は「幹事やシェアなどを現状維持したかった」（50％）、「他社から打診があり応じた」（39％）、「より有利な条件での契約」（18％）の順だった。開始時期は19年以降が7割を超えた。

動き出す金融庁

BMやディーラーなどの兼業代理店、大企業のグループである企業代理店は基本的に、複数の損保会社の商品を扱う「乗り合い代理店」だ。2016年施行の改正保険業法で、こうした乗り合い代理店のあり方が整理された。

複数社の商品を比較したうえで一つを提案する「比較推奨」を行う乗り合い代理店は「推奨理由を分かりやすく説明する」「商品特性や保険料水準などの客観的な基準・理由等を説明する」などを求められるようになった。だが、金融庁らがそのターゲットとして想定していたのは、次の章で述べるように、「ほけんの窓口」など、生保の乗り合い代理店だった。1990年代の自由化以降、急速に拡大した保険ショップに対応する規制という思惑が強かったのだ。

その結果、損保の乗り合い代理店には「抜け道」が残された。

乗り合い代理店であっても「特定の社の商品を推奨する理由さえ挙げればよい」との趣旨の内容が金融庁の指針に盛り込まれたからだ。どの社の商品が顧客にとって最もふさわしいかを比較・推奨しなくても「この保険会社と長い取引関係にあるから」「業界最大手の会社だから」などと明示すればよい、という整理になった。

これが、本業支援や政策保有株の多寡によって顧客に提案する保険を決める損保代理店の慣行を存続させる要因になった。実際には入庫誘導の数によって提案する商品を決めていたＢＭは「事務に精通した保険会社」と推奨理由を挙げていたという。このことから、金融庁は「入庫紹介の実績等の本業支援の結果に基づき、特定の保険会社の商品を顧客に推奨していたにも

代理店問題の構図

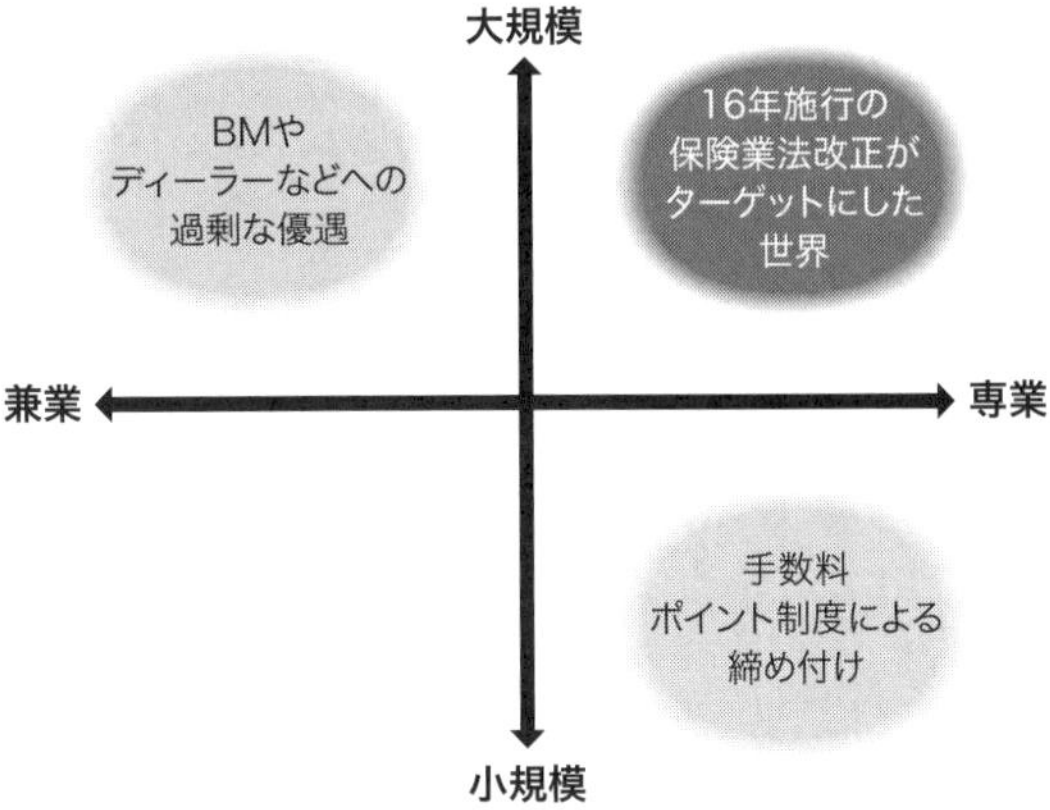

かかわらず、別の理由を装っていた」と指摘している。[*6] だが、BMが「比較推奨」販売を掲げていない以上、たとえば仮にBMが「提携関係にある保険会社だから」と理由を挙げていれば、「別の理由を偽っていた」と言うほどに問題視できるのだろうか。

損保の営業現場の実態は、金融庁が想定してきた世界とは、大きく異なっている。保険業法は、代理店が適切な運営態勢になっているかについて保険会社に監督を求めていた。だが、金融庁保険課幹部は嘆く。

「パワーを持つ代理店に対し、保険会社の監督が全く機能していなかった。それこそBMは運営態勢がボロボロなのに、入庫誘導という本業支援を手厚くし、手数料ポイントはマックスとなっていた」

本来、保険業法改正のときに突っ込んだ議論をすべきだったが、生保の乗り合い代理店を優先するあまり、こうしたテーマは置き去りにされてしまった。

危機感を持った金融庁は2024年3月、損保の構造問題を議論する有識者会議を立ち上げた。6月にも報告書を取りまとめ、何らかの方向性を示す方針という。ただ、短期的な対応だけでは損保業界の膿を出し切ることはできない。

金融庁は中長期的な課題として「マーケットデザイン」のあり方そのものを問い直している。顧客の利益を追求することが保険会社・代理店の利益につながることが本来、望ましい。売り手と買い手の利益が対立することを「利益相反」という。保険会社は商品の値下げや機能の向上で勝負し、代理店は顧客のニーズに最も合致した商品をオススメすることが理想のマーケットのあり方だ。

代理店に対する本業支援などの便宜供与は、こうした方向性に逆行しうる。本来は顧客にふさわしい商品を提案すべきなのに、自らのうまみを重視したものになってしまうからだ。次の章で述べるように、生保の乗り合い代理店へのインセンティブ合戦と同じ構造にある。

カルテル疑惑のように、顧客である企業への直接の本業支援や政策株の保有は一見、利益相反でないように思える。

だが、保険商品の内容や価格にかかわらず、こうしたインセンティブでシェアが決まるのは企業の適切な資源配分を歪ませており、広い意味では利益相反ともいえる。後述するように日本の資本市場において長らく「持ち合い株」の解消が叫ばれているのはまさにその理由だ。

手数料ポイント制度についても設計次第でゆがんだものになりかねない。ディーラーなど優良な兼業代理店をはじめから優遇したものになっているとも指摘されている。また、この制度では代理店の「規模」「成長性」によってポイントが変動する。手数料ポイントは損保1社から見た基準なので、乗り合ってしまうと、仮に同じ収入保険料を上げてもポイントが分散され、手数料収入が目減りしてしまう。

地域の専属代理店が乗り合いに移行しようとする際のネックになっているのだとしたら、利益相反の要因になっている、ともいえる。損保には代理店を自社に囲い込みたい意向がある。実際、金融庁は代理店へのヒアリングで「乗合申請に対する保険会社側の諾否の回答が引き延ばされる場合や、判断理由が明確に説明されない」といった声を確認している。[*7]

政策保有株の根絶

こうした「利益相反」に金融庁はどう対峙していくのか。政策保有株に関しては素早く動いた。

一般企業が保有する株式は主に①純投資②事業投資③政策保有株、に整理される。純投資は投資によるリターンを目的とするもの、事業投資は資本提携や業務提携など自社のビジネス上の提携を伴うものだ。これに対し政策保有株は、取引先の企業同士が良好な関係を保つために取得したものであり、お互いの株を持ちあうことが多く持ち合い株とも呼ばれる。ヘッジファンドなど「もの言う株主」などからの買収防衛策としての効果を期待して保有するケースもある。

だが政策保有株は近年、経営の緊張感を薄め、企業の成長を阻害するものと批判されている。本来なら新たな事業や研究開発に振り向けるべきはずの資金が減り、資本効率が悪くなるからだ。海外投資家からは削減圧力が強まっている。

2015年に金融庁と東京証券取引所が定め、18年に改められた「コーポレートガバナンス・コード」にも、上場企業に対し「政策保有株の縮減に関する方針・考え方」を投資家らに説明していくよう求めている。

金融庁はカルテル問題で4社を行政処分した際、損保業界で政策保有株が企業保険のシェア維持のために使われていたことを強く問題視。各社が24年2月に公表した業務改善計画では、4社とも政策保有株ゼロを目指すことが盛り込まれた。時期は三井住友海上とあいおいニッセイが30年3月末まで、損保ジャパンは31年3月末まで、東京海上は「5月公表の新中期経営計画で示す」とした。

当初は具体的な時期を示さず、「売却を加速させる」など、お茶を濁すのではとの観測も出ていた。損保ジャパンの親会社SOMPOホールディングスが、改善計画の提出直前に開いた投資家向け説明会でも、政策保有株を将来的にゼロにすると表明したものの、達成時期の明言は避けていた。

複数の金融庁や損保関係者によると、2月上旬、保険課長の三浦知宏ら金融庁保険課のメンバーが損保の担当幹部を呼び寄せた。

損保幹部は「政策保有株の引き下げを検討している」などと改善計画に向けた方針を説明した。

すると三浦課長は「いつまでにゼロにするか時期を明確に示すべきだ。5年でも7年でもよい、改善計画の公表に触れてほしい」と直球で迫った。

損保幹部が「政策投資株の一部を純投資枠に振り替えることも検討する」と言うと、三浦がすかさず「形式的な振り替えにならないことをどう担保するのか」と指摘。実態は政策保有株なのに区分だけを替える「抜け道」をふさいだ形だ。

損保が「政策株式は本当にゼロにすべきか」と未練がましく聞くと、三浦は「それは、もちろんそちらの判断だ。本当に必要なら残せば良いが、残す理由を教えてほしい」。柔和な表情がトレードマークの三浦だが、損保に厳しい発言内容となった。

今回は政策保有株がカルテルのような法令違反の温床になったと金融庁が認定している。資本効率がどうといった次元の話ではない。「残すなら相応の理由が必要だ」というのが三浦ら金融庁の考えだった。

損保が政策保有株を売れずにいたのは、企業の顔色を窺っていたからという側面もある。政策保有株の売却には投資先に事前に了承を得る慣習がある。安定株主を失うことを嫌う企業も多く、反発が大きいこともある。大口取引先である大企業に強く迫れない損保業界の体質もあり、売却に踏み切れない政策保有株は多い。

どうしても放出できない、したくない株式は「岩盤株」と呼ばれており、東京海上や三井住友海上ではトヨタ株、損保ジャパンでは信越化学や日産が有名だ。

先ほどの損保は「投資先企業に売却の打診をする際、当局の指示であることを伝えても良いのか」と尋ね、金融庁側は「構わない」と応じている。

本業支援へのメス

政策保有株に比べ、本業支援の問題はゼロか百かの世界ではないため難しい。取引先企業に対して自社サービスの特別キャンペーンを打つといったことは、一般企業でも見られる慣行だ。ただ、保険業法は、保険会社による契約者への「特別利益の提供」を禁じている。また、監督指針では「特定の保険募集人に対する過度の便宜供与等の過当競争の弊害を招きかねない行為」を禁じている。

だが、「過度」の線引きは簡単ではない。

例えば、保険会社には代理店の監督義務がある。それに資するものまで「過度な便宜」と解釈されれば、本末転倒だ。「法令違反や顧客本位ではないコンダクト、利益相反の温床になるような本業支援について禁止する」という対応が考えられる。それでもはっきり白黒つけるのは難しい。必ず「抜け道」が編み出されるのが保険業界の歴史でもある。

「喉元過ぎれば熱さを忘れる」という悲観的な声も聞かれる。そもそも1990年代の自由化で、商品や価格競争が期待されたが、この有様だ。保険商品の性質上、コモディティ化（陳腐化）しやすいというネックも指摘されているが、それにしても変わらなかった。

金融庁幹部は「楽観的な願望かもしれないが、根っこの膿が取り除かれなかったからだ」と指摘する。「本業支援や政策保有株がなくなり、純粋に保険商品で勝負した時に『こんなおもしろい商品をつくってみよう』と各社がなり、代理店側も『いろいろな商品があるけどこれがいいですよ』というような勝負の世界になってほしい」

企業の責任は？

「卵が先か、鶏が先か」ではないが、今回の問題には企業側にも責任がある。

企業はリスクマネジメント上、最も資する保険を本来選ぶべきなのに、関係のない部分でメリットを享受していた。グループ会社の代理店にどこまで向き合っていたのかも疑わしい。代理店も損保に丸投げで「真の顧客」である企業の利益を考えてこなかった。

カルテル疑惑で金融庁が損保4社に業務改善命令を出した2023年12月、大手自動車メーカーの日産は、自社グループの自動車保険プログラムへの入札の「参加条件」に「車両紹介」を記した。「継続的な新車台数のコミット」と表現し、社用車や社員購入などの例示までしている。[*8]

損保はいびつな関係のなかで企業側のニーズに応えようとしていただけともいえる。問題が表面化して以降、企業側から怒りや批判の声はあまり聞こえてこない。背景には、自らも損保業界となれ合い、おいしい思いをしてきた後ろめたさがあるのかもしれない。

事業継続のために、今の保険範囲が妥当なのか。説明できる人材が企業のなかにどれほどいるのだろうか。リスクプロファイルを特定し、保険でカバーすべきなのか、保険を掛けるにしても過不足ない水準になっているか……。「目利き力」が企業にも求められている。

そして、こうした保険を提案する力を持つ損保こそ評価されるべきだ。

カルテル疑惑の原因を分析した大手損保の内部資料には「保険料水準のベンチマーク（指標）がないと、他社より大きく乖離するかもしれないとの不安を払拭できない状況」が指摘されていた。既契約ですらノウハウ不足が指摘されており、新規案件はさらに深刻だという。そこに人員削減が拍車をかける。

金融庁幹部は「企業保険の担当は損保の花形なんて言われていたが、本業支援や接待など、なれ合っていただけなのではないか。国内損保がグローバルに活躍できないのはそこにあるのではないか」と話す。

実際、最初に問題が発覚した東急では、入札の難しさを表すような事態も起きている。

24年1月、損保のカルテル疑惑が世間に表沙汰になって以降、東急で初めて入札があった。東京海上が幹事だった財産保険は当初、あいおいニッセイ同和損保が1番札をとり、幹事指名を受けた。だが、再生可能エネルギー関連施設の取り扱いで入札要件に齟齬《そご》があり、2位の三井住友海上が幹事となった。あいおいは入札要項に記載がなかった内容が（入札後に）示されたと主張しているとされる。ただ、他社にとって想定外な内容が急遽発覚したという事実はなく、再入札も行われていない。2番手が繰り上がっただけである。複数の他損保があいおいの理解が不十分だったと指摘する。東急からすれば「欠格」と見られても仕方がない。

熾烈な争いと、奇妙ななれ合い――。損保業界には不思議な光景が広がっている。大手損保首脳は、「損保の常識、世間の非常識」と表現し、自虐的にこう語った。

「多くの部分ではリスク計算のプロとはとても言えない実態があった。企業や代理店を堕落させ、自らも堕落してきたのがこれまでの損保の歴史ではないか」

＊1　東京海上の専属代理店の社員への取材（2023年11月11日）。
＊2　損保ジャパンの専属代理店の社員への取材（23年10月27日）。
＊3　大手損保社員への取材（24年3月5日）。
＊4　複数の大手損保、金融庁関係者への取材（23年9月〜24年3月）。
＊5　大手損保社員への取材（24年2月19日）。
＊6　金融庁「損害保険業の構造的課題と競争のあり方に関する有識者会議（第1回）」の「事務局説明資料」。
＊7　金融庁の日本損害保険協会との意見交換会要旨（17年9月21日）。
＊8　入札関係者による情報。

第六章

金融庁と生命保険業界

東京・霞が関。中央合同庁舎第7号館、7階に金融庁保険課は入る。

職員は約90人。金融庁の課の中では大所帯の方だ。ただ、銀行や証券は、届け出の受付や相談窓口の役割は監督局、立ち入り検査やモニタリングは総合政策局に分けられている。

保険課は両方が一つの課に共存している。これに加え、保険商品の認可を担う保険商品室も合わさる。こう考えると、決して人員が多いともいえない。

金融庁の元長官によると、「名検査官」とされた故・目黒謙一は保険について「保険の検査は銀行よりも格段に難しい」と語っていた。保険と銀行両方を検査できる人材の必要性を強く意識していたといい、彼自身保険の検査からスタートしているという。

ビッグモーター（BM）の不正疑惑が発覚し、金融庁は2023年9月19日、損害保険ジャパンとBMに立ち入り検査を実施した。この際、人員が足らず総合政策局の検査部隊から応援をもらったが、「保険の特殊性」から「デジタル・フォレンジック（電子鑑識）」ができる検査官などに限られたという。同じ頃、損保4社によるカルテル疑惑も明るみに出ていた。4社に報告徴求命令を発出した際には、保険課の中の生保モニタリング部門が応援に入っている。

金融庁内での保険課の立ち位置は微妙だ。

金融庁が発足して以降、歴代の課長経験者で長官になった人物はいない。歴代の長官が経験した課長職を見ると、監督局系ではメガバンクを担当する銀行一課長や証券会社を担当する証券課長が目立つ。

局長クラスで「銀行のことは詳しくないので」と言ったら金融庁幹部として失格だが、「保険は知らないので」とは言えてしまう風潮が漂う。筆者もかつて保険担当の審議官にこう言われ、面食らった記憶がある。

金融庁は各地の財務局から出向という形で多くの人材を受け入れている。こうした出向者が実働部隊として同庁を支えている側面がある。だが保険課は出向者らに人気がないという。地銀を所管する銀行二課であれば、地方に戻ったとき経験が役に立つ。銀行一課でも、名だたるメガバンクと対峙したり、ネット銀行のダイナミズムに触れたりできる。一方、保険課は各地の財務局に戻ったとき役に立つことは少ない。保険金額が限定される少額短期保険業者は財務局が所管するが、せいぜい関東財務局くらいしか接する機会はない。

一方で保険業界は「やっかいな業界」「手強い人たち」といったイメージがある。

ある若手キャリアは保険課に配属され、先輩やOBに挨拶したとき「保険業界は政治家を使って圧力をかけてくるからよくよく気をつけた方がいいぞ」と忠告を受けたという。「政治家を動員する」というイメージは生保業界に根強い。自民党には「保険制度改善推進議員連盟」という政治家の集まりがある。他の金融業界では、こうした議連は見られない。ただこの中堅キャリアは在任中、圧力を受けたことはなかったという。

歴代長官

歴代長官	就任した主な課長ポスト
栗田 照久	監督局銀行第一課長、同証券課長
中島 淳一	総務企画局総務課長、同政策課長
氷見野 良三	監督局銀行第一課長、同証券課長
遠藤 俊英	総務企画局総務課長、監督局銀行第一課長
森 信親	総務企画局総務課長、監督局総務課長
細溝 清史	総務企画局企画課長、財務省大臣官房信用機構課長
畑中 龍太郎	財務省理財局総務課長、大蔵省金融企画局信用課長
三國谷 勝範	大蔵省金融企画局総務課長、同企画課長
佐藤 隆文	金融監督庁長官官房総務課長、大蔵省銀行局総務課長
五味 廣文	大蔵省銀行局調査課長、同特別金融課長
高木 祥吉	大蔵省大臣官房文書課長、同証券局総務課長
森 昭治	大蔵省国際金融局総務課長、同国際機構課長

※日野正晴は検察出身のため省略

歴代課長

歴代保険課長	役所での最終ポスト (現)は現職
三浦 知宏	保険課長(現)
池田 賢志	金融庁総合政策局参事官(現)
横尾 光輔	財務省政策金融課長
岡田 大	金融庁監督局参事官(現)
井上 俊剛	証券取引等監視委員会事務局長(現)
諏訪園 健司	関税局長
小原 広之	福岡財務支局長
白川 俊介	関東財務局長
長谷川 靖	東海財務局長
保井 俊之	関東財務局金融安定監理官
小野 尚	関東財務局長
池田 唯一	金融庁総務企画局長
吉村 宗一	大阪税関長
菅野 良三	関東財務局長

別の中堅キャリアは「金融庁でポストが上がって、いざ自分のリソースを割いて『これを手がけよう』と思ったとき、保険まで行き着かないのが実態ではないか」と話す。

そんな保険課は近年、どのようなテーマに注力してきたのだろうか。

BM問題もカルテル問題も、保険販売や営業姿勢、商品開発といった「コンダクトリスク」の領域で起きていた。「コンダクトリスク」とは法令に違反したかという狭義のコンプライアンスリスクと異なり、形式的な法令順守を超え、顧客などに不利益が生じかねない行為を指す。こうした領域をめぐって保険課は近年、生保の乗り合い代理店の監督、モニタリングに焦点を当ててきた。

販売チャネルをめぐる保険業界の歴史

それには歴史的な経緯がある。[*1]

1948年、保険会社の保険販売を規制する「保険募集取締法（募取法）」が制定された。契約者保護と保険業の健全な発展のため、生保募集人や損保代理店の登録制などを定めたものだ。50年近く経った96年、自由化の流れのなかで保険業法の改正法が施行されるまで、生損保両業界の販売を規制するベースとなった。

目を引くのが「取締」という用語。法律でこの語を用いるのは、大麻や覚醒剤、銃刀、農薬、毒物など危険物の取り扱いを定めたものが多く、やっかいなものを規制するイメージがある。「保険募集」とは保険の販売や勧誘のことを指す。それに「取締」という言葉を使ったのは、それだけ当時は不適切な募集行為が社会問題化していたからだった。

とくに生保募集で横行したのが「乗り換え契約」。生命保険は長期の加入が前提で設計されており、短期の中途解約は不利益が大きい。保険会社にとっても長期の支払いを前提に設計する商品が短期間で解約や失効とされてしまえば、安定性に欠けてしまう。にもかかわらず、複数社の保険商品を扱う乗り合い代理店が「こっちの商品の方が良い」「新しい商品の方が損しない」など、不適切に顧客をあおり、短期間に保険契約を乗り換えさせていた。

当時、芦田均内閣の大蔵相は国会で法律の趣旨を「何でも契約をとりさえすればよいものだというような気持ちから、とかく募集が紊乱《びんらん》（風紀などを乱すこと）して、保険契約者保護の見地からも、また保険の信用保持の見地から言っても、このまま放置できない」と答弁している。

そこで募取法は生保募集での乗り合いを禁じた。そして生保各社は自前の営業職員を充実させていく。かつて「生保レディ」と呼ばれた営業職員は、現在も生保の主流チャネルとなっている。当時は、戦争で夫を亡くした女性の職を確保するための国策という性質もあった。90年代の自由化まではどこの社の商品も大きな違いはなく各社は営業職員を増やし、彼女たちの「GNP営業」（義理・人情・プレゼント）の力を競った。

一方、損保に対しては乗り合いを許した。これまで述べてきたように損保商品は料率の自由化まで、自動車、火災、傷害といった主要商品が全社で同じ約款、同じ料率で販売されていたうえ、長期的な保有が前提の生保商品とは異なり、単年更改が基本であり、不適切な乗り換え勧誘のリスクは低かった。

こうした時代、複数社の商品を比較した上で一つを提案する「比較推奨販売」の必要性はなかった。

それが一変したのが90年代の自由化の流れだ。

損保では98年に算定会料率の使用義務が廃止され、保険料率の自由化が進んだ。自動車保険で人身傷害を補償したり、事故を起こしにくい契約者の保険料を割り引いたり商品競争が起きた。

生保では損保のような明確な出来事はなかったが、行政の商品認可のスタンスが変わったことなどで価格規制は薄らいだ。[*2]

戦後型保険システムの第一の特徴だった「同一商品・同一価格」が崩れ、顧客にとって生損いずれにおいても、複数の保険会社から自分にふさわしい商品を提案してほしい、というニーズが生まれた。

販路の文脈でも96年の改正保険業法の施行で、生保代理店の乗合が条件付で解禁され、その後、規制緩和は拡大していった。こうした動きが「ほけんの窓口」など、保険ショップの隆盛につながっていく。

前述のように取締法が生保の乗り合いを禁止していたのは、乗り換えなど不適切な勧誘のリスクが大きかったからだ。自由化のなかで乗り合いの解禁にかじを切った以上、適切な勧誘を条件づけるのは自然な流れだった。2005年に発覚した不払い問題など紆余曲折を経て、16年施行の改正保険業法で代理店のあり方がようやく明確化した。

代理店が適切な募集態勢を整えるために、これまで保険会社に対し求めていた「体制整備義務」を代理店自身にも規模や特性に応じて義務づけた。加えて、「比較推奨販売」をする乗り合い代理店には前章で述べたように、「商品特性や保険料水準など客観的な推奨理由を示す」といった追加的な義務を課した。

比較推奨は「諸刃の剣」だ。

複数の商品を顧客目線で比較し、推奨していれば素晴らしい。だが、実際には手数料が高いなど自分たちに実入りが多い商品を売っていた場合はより悪質な勧誘となる。

1社の商品だけを売る場合は、その商品をオススメするのは当たり前だ。だが、複数の商品の中からオススメする場合、公平性を装っているだけに誤認を招きやすい。

生保販売における代理店チャネルの存在感は高まっている。生命保険文化センターの調査によると、代理店を利用した契約は09年度に6・4％だったのが、21年度には15・3％に増加した。[*3] 大手生保も子会社を作るなどして、こぞって乗り合い代理店に対して商品を供給するようになった。

生保各社が乗り合い代理店への商品供給に熱を入れるなか、同時に大きな問題となったのが、インセンティブだった。

生保各社が乗り合い代理店に自社の商品を少しでも優先的に売ってもらおうと、インセンティブ合戦を繰り広げた。

高い販売手数料で競うのは当然のこと、好成績の代理店をハワイ旅行へ招いたり、一定期間に特定の保険を売ったらボーナスを渡したり。「表彰」や「研修」の名目で豪華な旅行などを繰り返す会社もあった。なかには、「マーケティング・コスト」「協賛金」「支援金」といった名目でオフィス機器の設置コストを生保が負担するなど、「巧妙」になっていった。

不適切な勧誘を根絶したい金融庁と、売上を伸ばしたい一部生保の「いたちごっこ」は何年も続いた。

20年には業界の自主ガイドラインが改正されて、とうとう代理店に対するインセンティブの「NGリスト」のようなものまでつくられた。[*4] 例えば、生保持ちでのビジネスクラスやグリーン車での移動や、平均より大幅に高い料金での宿泊はダメといった具合だ。近年金融庁は代理店へのモニタリングにも多くのリソースを割いており、各地の財務局と協力し、代理店への検査や監査を重ねている。

「公平さ」をうたう悪質さ

自分に最もふさわしい商品を紹介してくれていると思ったら、実際は自分たちの「うまみ」が多い商品を売りつける――。先ほど述べたように、こうした手法は「公平性」「客観性」を装っている分、顧客を信用させやすく、悪質だ。

比較推奨を偽装するような手口は、巧妙化している。

保険商品間だけでなく、金融商品間で公平、客観的であるかのように勧誘する。典型的なのが「マネーセミナー」でのトラブルだ。[*5]

関東の医療機関に勤める女性（32）は2016年、母親が亡くなり、多額の遺産を相続した。近しい親族はもう89歳の祖母だけ。管理は自分がやるしかない。ネットで検索して見つけた「マネーセミナー」に参加した。

「無料でお金のことが勉強できるかな」

そう思って気軽に参加したのが大きな落とし穴だった。

初回は、出てきた講師役の男性ファイナンシャル・プランナー（FP）が、為替やリスク・

リターンなど金融の基礎知識を親身に説明してくれた。2回目もそんな講義めいた場だった。

だがそれ以降、個別商品の勧誘が始まった。

「貯蓄の代わりに保険を使う」

こうしたFPの「教え」を信じたといい、相続した財産から、外貨建ての変額保険2本（計4千万円）を一括払いで契約。死亡した際に多額の保険金を受け取るのはすべて祖母だった。

「プロが教えてくれたのだから、そういうものだろう」と思っていた。「長期の備えは整った」などとし、一括払いで契約した商品とは別に、今度は毎月支払うタイプの保険を次々と契約していった。

変額保険や医療保険、がん保険……。月額保険料は最終的に33万円に上った。当時、自身の月収は22万円だった。月収を上回る保険料は、投資信託の毎月の分配金から支払えば良いとし、「それが複利効果だ」との説明を受けた。最初に一括払いの保険2本に加入した際、分配金がおりるタイプの投信も勧誘を受け、1300万円で購入していたのだ。

だが、その約2年後。

投信の運用成績が振るわず分配金が減り、保険料の足りない分が預金口座から引かれるようになった。最後には、給与の多くが月々の保険料に抜かれていくようになってしまい、日々の生活を圧迫するようになった。

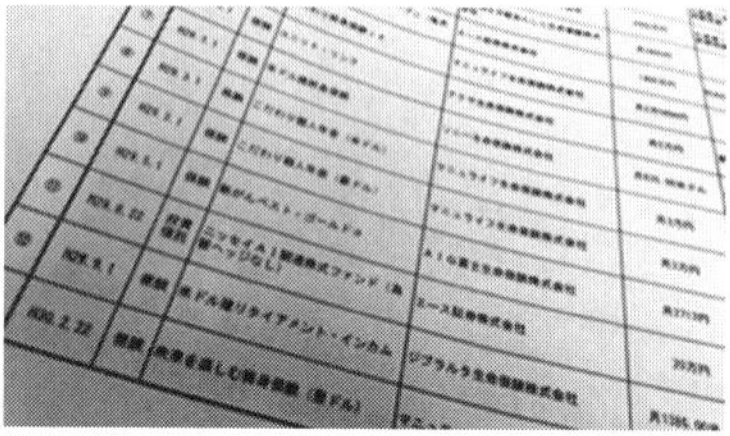

無料のマネーセミナーをきっかけに多数の保険に入った女性の契約リスト

さすがに違和感を持ち、別の会社のＦＰに契約を見てもらい、告げられた一言に驚いた。

「あなた、売りたいものを売りつけられているよ」

「マネーセミナー」のワナ

近年、こうした「マネーセミナー」が活況だ。金融庁が２０１９年に「老後の生活費として2千万円の蓄えが必要」とする報告書を出したことも後押しする。24年には新しいＮＩＳＡ（少額投資非課税制度）も始まり、投信への関心は高まる。親身に応じてくれるが、思わぬワナがひそむ。

そんなセミナーを、実は生保の乗り合い代理店が運営していることが多いのだ。

「お金のお勉強」というハードルの低い入口を用意し、先生・生徒の関係性をつくった後、不必要な金融商品を勧誘し、高額な手数料を得る。

母親から遺産を相続した女性が通ったセミナーを運営していたのも保険代理店だった。

女性は「今となっては恥ずかしいですが、金融商品を勧誘する人たちとすら知りませんでした」と悔やむ。

この代理店が、女性への販売で得た手数料は640万円に上った。

ほとんどの保険会社は、自社商品の多数契約については、本社から電話で確認をしたり、禁止したりといった自主的な取り組みを一定程度進めている。

だが乗り合い代理店であれば、あえて複数の保険会社の商品に分散して加入させてしまえば、生保1社ごとのチェックの網はすり抜けてしまう。

遺産を相続した女性が通ったセミナーを運営していた保険代理店の社長は取材に「対応に問題があったとは思っておらず、適切だった」と主張した。[*6]

根拠に挙げるのは契約の際の確認書だ。

「他の会社にはない独自の確認書をつくっており、女性から全て意向通りだとの署名を記入してもらっている」と強調。「女性からの積極的な来店と投資意向による結果」とした。

加えて、女性が一括払いの保険や投信に入ってもまだ資産が残ることから、「月々の保険料が月給よりも高いとしても、（投資のタイミングを複数にわける）『時間分散』の観点からご案内した。余裕資産は十分にあったなかでの事柄であり、問題ない」と主張した。

こうした会社の姿勢に対し、女性は「母から引き継いだすべての資産をリスクのある金融商品に変えるまで勧誘され続けたかもしれない。そう考えると、恐ろしい」。

社長は金融庁の公表資料まで示した。

「日本の個人の金融資産は現預金比率が欧米に比べて多く、資産形成が課題」「長期・積立・分散投資の推進」などと書かれており、社長は「金融庁の方針にもまさに沿っている」とまで言った。

金融庁の意向もあり、業界団体である生命保険協会では、22年度から代理店の業務品質を評価して公表する制度を始めた。ただ、手を上げた代理店のみが対象で、代理店が30万円を協会に支払うという仕組みで、評価の中立性にも疑問符がつく。

皮肉なのは、この制度で使用する評価基準や方法の調査・研究を担う「代理店業務品質検討ワーキング・グループ」のメンバーに先ほどの女性を「カモ」にした代理店が入っていたこと。社長は筆者に対し、自身がメンバーであることも勧誘が適切だった根拠に挙げていた。さらに驚くのは、この会社を推薦したのは関東財務局だったことだった。

金融庁vs.業界

先ほどの代理店は、女性がたくさんの資産を保有している、本人の意向だった（女性がどこまで理解していたかは怪しい）などの理由で、ＦＰの勧誘が適切だったと主張した。だが、20代（契約当時）の女性が月30万円の保険料を支払うほど、保険に入る必要があるのかという根本的な問いには答えてはいない。

金融庁は近年、「公平性」「客観性」を装う生保の乗り合い代理店について是正に動く一方で、より本質的な部分にメスを入れ始めている。契約者は過不足なく保険に入っているのかという問題意識に基づくが、すべての生保の営業チャネルのあり方を左右する規制内容であったため、業界と「バトル」を繰り広げた。

２０２１年9月22日、生命保険協会と金融庁の非公開の会合があった。終わりにさしかかった頃、協会の会長会社である住友生命の幹部が「監督指針の改正を考えているとの報道があった。金融庁の考えをご教示願いたい」と切り出した。[*7]

この頃、生保業界は騒然としていた。

生命保険を勧誘する際、公的年金や公的医療保険といった国の保険制度について「適切な情報提供」を行うよう、監督指針の改正を検討している――。こう報道されたからだ。

監督指針に「民間保険を売るときに、公的保険をきちんと説明すべきだ」との内容を盛り込むという報道内容だった。

「唐突だ」「我々に十分な説明はなかった」などと生保幹部からは口々に反発の声があがっていた。金融庁が「義務化ではないが実質的にはそれに近い」という意向を持っているとの情報が各社に広がっていたことも、動揺を広げていた。

そして業界は金融庁に対し「反撃」に出ている。

同月、同庁の審議官、有泉秀《しげる》と、保険課長の池田賢志が生保協に説明に訪れた。[*8] 相手は、財務省OBで協会副会長の佐々木豊成。内閣官房副長官補として民主党政権や安倍政権を支え、環太平洋経済連携協定（TPP）の国内調整役のトップも務めた大物官僚だ。16年に協会に天下っている。

「調整が乱暴ではないか」

この会合は佐々木が急遽呼びつけたわけではない。金融庁には、審議官と保険課長が連れだって協会を定期的に訪れ、保険行政に関してレクチャーする慣行がある。業界を監督する立場の当局が、監督される側の天下りOBに「ご説明」に出向くという構図自体が歪んだものとなっている。

この場での「苦言」は金融庁にとっては想定外だったようだ。関係者によると、監督指針の改正自体は、住友生命が事前に調整済みとしていた。冒頭の意見交換会でも、監督指針改正の話題が周知されるよう、協会長会社があえて質問するよう示し合わせたものだった。

佐々木の苦言は、金融庁や住友生命の進め方を快く思わない大手社の一部が水面下で動いた結果であるとみられている。

実は後述するように、生保の勧誘の際に公的保険を説明すべきというアイディアの出どころは、衆院議員の村井英樹だった。自民党の若手ホープで、岸田文雄首相の側近の一人だ。23年9月には衆院議員の木原誠二に代わり官房副長官に就任している。

元々、年金や金融に強い村井だが、保険会社が年金の不安をあおるようなトークで勧誘していることに問題意識を深めていた。

業界の「反撃」は、政策の内容以前に「村井先生のご意向」という権威をかざして迫った保険課のやり方が不評を買ったという見方がある。

ただ、政策そのものも、業界の一部には受け入れがたかった。金融庁がパブリックコメントを実施すると、厳しい質問や意見が相次いだ。

「国の制度を国民に伝えるのは政府や所管官庁の仕事では？」

「真面目に情報提供を行っているサービス提供者や募集人の手間が増えるだけ」

もっとも業界の反発を招いてでも進めようとした金融庁の狙いは、あおり営業により不必要な保険に多数入らせる「過剰契約」をストップさせることだった。

営業現場では、顧客に公的保険の理解がないまま老後の不安をあおり、いくつもの不必要な保険に契約させるケースが少なくない。村井の問題提起は公的年金に限った話だったが、高額療養費や傷病手当といった制度に広げれば、医療保険や就業不能保険など、幅広い商品の勧誘のあり方に射程を広げられる。

たとえば高額療養費制度は、病院や薬局で医療費が一定額以上になると負担が軽減される仕組み。この制度の存在すら説明せず、医療保険を販売するといった不適切な販売が足元で起きていた。

金融庁には忸怩たる思いもあった。

前述したように19年6月、金融庁は「老後に2千万円必要」との報告書を公表。すると、「老後不安をいたずらにあおる」などと大騒ぎになった。

「大炎上」した報告書であるが、実は庁内では、意外にも肯定的な声が多い。[*9]

「内容は何も間違っていない。資産形成の必要性も周知された」（当時局長級以上だった幹部）

「あれほど世の中に知れ渡った報告書はない。ある意味ショック療法だ」（現役の中堅幹部）

根拠に挙げるのは、つみたてNISAの口座数が急増したこと。報告書は元々、若年世代に資産形成を促すものだった。「積み立て投資」への意識が広がったのだから、結果的にはよかったではないか、という見方だ。

だが、「2千万円」問題は、意外な「副作用」を業界にもたらした。

報告書をまとめた金融審議会の外部の有識者の一人は、筆者の取材に対し、こう反省を口にする。

「年金制度や老後への不安を過度にあおって手数料稼ぎをする金融機関の営業を、不本意にも助長させてしまった」

その人が老後にどれだけのお金が必要か、どれだけ公的保険でまかなえるのか、といった分析を置き去りに、「2千万円」という数字だけが世間に踊ってしまった。金融営業の現場では、この数字を引き合いに出して、「年金はもらえない」「2千万円を用意しないといけない」と不安をあおり、手数料の高い商品を勧誘する――。こうした事態を招いてしまったと、この有識者は悔いた。なかには「公的保険を未払いにしてでも、民間の保険に入った方が良い」と信じ込む人さえいるという。


政治家にも「2千万円」という数字が独り歩きしてしまったことに強い問題意識を抱いた人物がいた。先ほどの村井である。

「その人がどれくらいの生活をしたいか、どれくらい資産があって、どれくらい年金をもらえるか。一人一人違うのに平均で論じられてしまった」

財務省のキャリア時代に「税と社会保障の一体改革」に取り組んだ経験を持つ村井は、党内でも有数の「年金通」だ。

村井は厚生労働省の官僚らと勉強会を開き、意見交換を重ねた。

厚労省は2022年度、自分が将来いくら年金を得られるかについてスマホやパソコンで簡易的に試算できるサイト「公的年金シミュレーター」をつくった。年金受給時にかかる税金や保険料の大まかなイメージを示す機能もつけた。

いつまで働くか、年金をいつ受け取りたいかをスライドバーで動かすと、受給見込み額が変動する。入力には、専用のパスワードやＩＤは必要ない。

あくまで大まかなイメージをつかむための試算だ。一見地味な取り組みだが、公的保険を踏まえて、自分にとって金融商品が本当に必要かどうかを判断しやすくなる。

厚労省の担当者は「受給額がどれくらいになりそうか。ざっくりつかむことが第一歩だ」と話す。厚労省はさらに、民間の資産管理アプリとの連携が広がることも期待する。そうなれば、金融商品の運用成績と年金の見込み額が一体的に把握できるようになる。

村井の求めで、公的年金シミュレーターの検討の場には金融庁もオブザーバーとして参加した。

「2千万円」報告書以降、金融庁と厚労省は「絶縁状態」（金融庁幹部）だった。厚労省のある幹部は「年金に不勉強な金融庁が余計なことをして、金融機関にもうける機会を与えようとしたとすら思う」と当時を振り返った。

かねてから生命保険の契約数の多さが指摘されていた。生保協によると、21年度末時点の個人契約の数は1億9301万件。これに企業が福利厚生で社員向けに導入する「団体保険」、

ＪＡやコープなどの共済が加わる。米国などと比べ公的保険が充実しているにもかかわらず多い。

不安をあおられ、本来不必要な保険にたくさん入る。それを金融庁がむしろ推し進めるような政策をとってしまったのではないか――。発端は、村井からの求めだったが、金融庁が改善をはかる好機と捉えたのは間違いない。それは前述したように過不足なく人々に適切な保障が行き渡っているか、という問題意識でもあった。

業界内部にも重要性を指摘する人はいた。

一般社団法人「公的保険アドバイザー協会」の代表理事、土川《つちかわ》尚己は「公的保険でどうカバーされ、漏れる部分はどれくらいあるのか。前提を説明しなければ、寸法を測らないオーダーメイドのようなもの」と話す。

そもそも、民間が販売する保険は公的保険でまかなえない部分を「補完」する位置づけだ。生命保険料控除という形で税負担が軽減されるのもそのためだ。

公的保険で漏れる部分や、民間保険に入ると過剰になってしまう「漏れ・ダブり」部分を知らずに、むしろどうやって勧誘するのか。

「街の保険屋さん」を掲げる青森県内の保険代理店「ＴＳねっとワーク」の寺田紀代子は「かつては本当に必要な保障額なのかわからず、保険会社の営業施策に乗せられるがままに販売していました」と振り返る。

以前は入院に日額1万円、死亡に1500万円など、一般的な提案をしていた。保険会社が支給する報酬（インセンティブ）のよい商品を提案することもあったという。

ただ、痛感したのは「平均」で語ることの怖さ。

例えば、東京と青森では所得水準も異なり、主に会社員向けの厚生年金に加入する割合も違う。平均で語ってしまうと、本当に必要な保障が見えなくなってしまう。

一定額以上の医療費負担が軽減される高額療養費制度は知っていても、所得水準に応じて自己負担分が異なることを知らない人は多い。

会社員らが業務外の病気やけがで休んだ際に給与の日額の3分の2のお金を受けられる「傷病手当金」にいたっては、存在すら知らない人が大半という。

こうした制度の仕組みをきちんと説明すると「意外に保障されているんだね」といった反応も多い。

時間も手間もかかるが試算を示した上で説明すれば、顧客に納得感が生まれ、後からトラブルにもならない。

「公的保険の仕組みは複雑な上、頻繁に制度改正がある。「簡単ではない分、熟知し助言できるようになればむしろ勧誘の強みになる」

金融庁は22年12月、当初の通り監督指針を改正。翌年2月には、公的保険制度の「適切な情報提供」について、生保各社に取り組み状況のアンケートを実施。「公的保険の保障内容について説明・情報提供をすることは重要と考えているか否か」「どのように取り組んでいるか」などを尋ねた。今も、公的保険の説明を充実させる取り組みを続けている。

不必要な保険に多数入らせる「過剰契約」を防ぎ、「補完」としての民間保険の本来の趣旨に立ち返るための次の一手は何か。ある金融庁幹部は「究極的にはAPIの開放だ」と指摘する。

最近は、「資産運用アプリ」や「家計簿アプリ」などで、銀行残高やクレジットカード、投資信託など、資産運用状況を網羅的に把握できるようになっている。一方、保険商品は多くの人が加入し、運用目的であることが多いにもかかわらず、保険会社の「マイページ」などに行き、個別に確認しないといけない。

保険会社が、システムにアクセスしやすくする「API」接続をアプリ事業者に許していないのが原因だ。銀行では17年の銀行法改正を皮切りに、API開放が進んでいる。もちろん、残高情報と保険情報は質が異なり、同じように議論するのは難しい。

ただ、その保険が必要か否かを議論するためには、公的制度に加え、自分の資産運用状況などを含め、トータルに考えないといけない。

人々に過不足なく保険が行き届くために、金融庁の本気度と、業界の真摯な姿勢が問われているように思う。

＊1　日本損害保険代理業協会アドバイザー栗山泰史の『比較推奨販売』というビジネスモデル」「生保における乗合代理店の誕生」(inswatch)。
＊2　米山高生「戦後型保険システムの転換　生命保険の自由化とは何だったのか?」(保険学雑誌第604号、2009年)。
＊3　生命保険文化センター「2021(令和3)年度生命保険に関する全国実態調査」。
＊4　生命保険協会「保険募集人の体制整備に関するガイドライン」。
＊5　朝日新聞デジタル22年6月24日。
＊6　社長へのインタビュー22年5月17日。
＊7　朝日新聞デジタル22年6月26日。年齢などは掲載時点。
＊8　複数の大手生保、金融庁関係者への取材(22年6月、24年2月)。
＊9　朝日新聞デジタル22年6月25日。

第七章

「生保レディ」

生命保険業界の販売チャネルは半世紀以上にわたり、現在にいたるまでいわゆる「生保レディ」と呼ばれる営業職員がメインだ。生命保険会社に所属し、同社の商品だけを売る。生命保険協会（生保協）によると、全国に存在する営業職員は2022年度時点で約25万人。そのうち約9割が、生保レディだという。

1996年に保険が自由化する以前、各社の商品に大きな違いはなく、契約獲得には「GNP営業」（義理・人情・プレゼント）が物を言った。企業の玄関前で立ち続けたり、受付に毎日一輪の花を届けたり、知り合いのつてを頼ったり……。地道な努力で契約獲得を重ねる。成績が悪いとすぐに給与が減り、辞めていく人も後を絶たない。一方で、数を稼げる職員は「優績者」と呼ばれ、「カネ」と「名誉」が与えられる。2千万円超の年収を稼ぎ出すプレーヤーも存在し、彼女たちには商品券や慰安旅行が与えられる。豪華なパーティーが催され、社長ら役員からも表彰される。

そんな生保営業の「本丸」で業界を驚かせる事件が表面化した。2020年に発覚した、第一生命保険の営業職員による巨額金銭詐取事件だ。[*1]

第一生命の「女帝」

16年2月25日、山口県周南市。緑に囲まれた小高い丘にある催事場で、眼下には美しい夜景で知られる石油化学コンビナートが広がる。

市長や企業経営者、銀行幹部ら地元政財界の名士２５０人以上が見守るなか、一人の高齢女性が壇上に立ち、参加者へこう語りかけた。

「地道に今まで努力を重ねた結果でございます。皆様のおかげでございます」

彼女は第一生命の営業職員、坂下知子（仮名）。勤続50周年を祝うパーティーだった。出席したある参加者は、マイクの向こうの満面の笑みが印象に残っているという。

坂下は１９６５年に第一生命に入社。以来、県内を中心に活動し、政財界に深く食い込み、同社随一のトップ・セールスレディとして君臨してきた。

だがその「栄華」は、4年後に暗転する。

２０２０年10月、第一生命は、坂下を詐欺容疑で刑事告発したと発表した。保険契約を結んだ顧客などに対して、高金利での資金運用ができるなどと嘘の勧誘をして、お金を集めた疑いが持たれていた。翌年5月、山口県警が坂下を書類送検。その際の説明では、被害は計25人、被害額は約22億円に及んだ。*2

被害が高額なこと、発覚時89歳という高齢だったことから世間の関心を集めた。

だが、この問題が注目に値するのはそれだけではない。業界の光と闇の両方を象徴するような事件だったのだ。

医師、地元企業や酒蔵の社長、社会福祉法人の理事長……。坂下の被害を受けたとされた25人の大半は地元の名士だった。

坂下の手口は、おおむね似通っている。

第一生命が私だけに認めた「特別枠」があり、そこにお金を預けると年5〜30％の高い利息を得られる――。荒唐無稽なもうけ話にも聞こえるが、なぜ有力者たちは信じたのだろうか。

被害者の一人に、母の死亡保険金5千万円を坂下へ預けた40代の女性がいる。この女性は後に第一生命を提訴し、その後、和解。第一生命から全額弁済を勝ち取っている。

女性は19年2月、山口県に住む母親を亡くした。ほどなくして、坂下が第一生命徳山分室の担当次長を連れて女性の元を訪ねてきた。坂下は徳山分室に所属し、オフィスには個室もあてがわれていた。この担当次長は坂下のお世話がもっぱらの役割だった。

担当次長は「死亡保険はそのまま受け取れるが、使い道がない場合、第一生命に預けていれば利息が得られる『据え置き制度』がある」と説明した。ちなみにこの制度は実在する。

女性はその時点で保険金の使い道がなかったことから制度を活用しようと思い、必要書類に署名し、提出した。

すると翌月以降、坂下から頻繁に電話が来るようになった。

「私は『特別調査役』に全国でただ1人、任命されました。私のようなトップセールスマンだけが持つことが許されている『特別枠口座』があります。年1割の金利がつきます」

甘い言葉をささやき、母親の死亡保険金を振り込むよう求めてきた。[*3]

第一生命被害者弁護団が公開した音声データからは、坂下が自らの地位や名声を誇示する様子がうかがえる。母の長年の保険担当者だと強調し、涙ながらに思い出話をした。

女性は「母上へのご恩返し」と迫った坂下を「（第一生命が）すばらしい称号を与えるような信頼できる方」と信じ込んだ。

言われるがまま、銀行口座に振り込まれた死亡保険金5千万円を引き出し、坂下に手渡した。その際、手書きの「お預かり証」を受け取っている。利息は年500万円とされた。

だがその後、返済の期日になっても連絡が来ない。弁護団の音声データでは、返済を求める女性に対し、坂下がはぐらかす様子も記録されていた。

女性「お預かり頂いているお金の件なのですけど……」

坂下「はい、もうちょっと。いま現金とか危ないでしょう。なるべく早く引き出します」

女性「なるべく早くということでまたご連絡お待ちして、大丈夫ですか？」

坂下「あんまり早いのはちょっと無理よ」

女性「こちらも予定していたことがありまして」

坂下「このたび全国1位という表彰を受けました。こんな立派な表彰をいただきました。初代、特別調査役に全国でただ1人任命、こう書いてある。全国でただ1人任命、特別調査役に初代、ね」

女性「毎年ですもんね。でも、お約束だけはきちんとお願いしたいんです」

だがその後、坂下から連絡が来ることはなかった。代わりに第一生命のコンプライアンス担当部署から連絡があり、詐欺であると伝えられた。ほかにも被害者が広がっていることも知らされた。

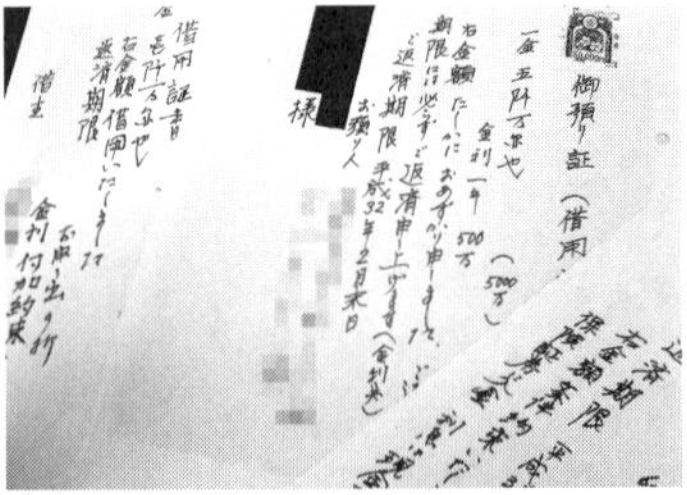

第一生命保険の営業職員が被害者らに渡していた手書きの借用証（画像の一部を加工）＝被害者弁護団提供

繰り返された「呪文」

この事件には、坂下の性格や資質も影響しているだろう。その後の訴訟記録ではこのときすでに坂下に認知症の症状が出始めていたとの証拠も出ている。

だが、こうした特異な存在を生み出してしまった土壌にも問題がある。第一生命は2020年末に報告書を公表し、「多くのお客さまのご契約をお取扱している営業員（以下、優績者）の特権意識を醸成させてしまったことや、当社社員による優績者への遠慮意識など、企業風土や体質そのものにも問題があったと認識している」と認めている。[*4]

実際、坂下に対する第一生命の優遇ぶりは異様としかいいようがない。

まず、繰り返し口にした「特別調査役」という肩書だ。

「私は毎年第一生命でトップセールスマンになって全国1位で表彰された」

「初代、特別調査役に全国でただ1人、任命された」

被害にあった先ほどの女性は、坂下から同じ言葉を呪文のように聞かされている。詐欺のための方便かと思いきや内容は正しかった。第一生命の営業社員は約4万人いるが、「特別調査役」は彼女のためにつくられた役職だったからだ。

第一生命は1976年、「長年にわたり超優績を挙げ続けている高齢の生涯設計デザイナー（第一生命の営業職員の呼称）」を対象に「外務調査役」というポストを創設した。「異例の処遇ということを形で顕彰する」というものだった。創設当時、6人が任命されている。

坂下は87年、55歳で外務調査役になる。原則60歳以上のポストだったが、「傑出した実績がある」として例外的に認められた。

定年に関しても破格の扱いを受ける。

当時、75歳が勤続上限だったが、坂下が75歳になった2006年、会社が80歳までの延長を決めた。坂下が80歳になると今度は85歳まで制度が再延長される。16年に会社規定の更新限度である85歳を迎えた段階で、とうとう会社は唯一無二のポストを創設し、任命した。

それが、詐欺の現場で呪文となった「特別調査役」だった。

「活動の基盤は山口県の地元有力銀行をはじめ法人・職域活動が中心で、700名弱のお客様を担当していた。膨大な保有契約および職域基盤の引き継ぎを趣旨として創設した」。第一生命はこのポストをあてがった理由を金融庁にこう説明している。

これだけではない。

生保各社はどこも、成績優秀な職員を定期的に表彰している。支社ごと、エリアごとなどがあるが、最も優秀な職員は本社で特別に表彰される。第一生命の場合、「渡幸吉賞」「金の盾賞」「創輝賞」などと呼ばれていた。受賞者の常連である坂下には、「第一生命を代表する生涯設計デザイナーの位置づけを社内外に明確に表現する」ため、「上席特別参与」という称号も与えられた。この称号は4万人の営業職員のなかでも15人ほどしか与えられておらず、そのうちオフィスに専用の個室を与えられたのは坂下も含めて6人のみだった。

政財界に食い込む

これほどまで彼女を優遇したのはなぜか。それは坂下が、地域の有力者との太いパイプを「威光」に、保険を片っ端から獲得する存在だったからだ。坂下が目をつけた企業で、従業員すべての保険が第一生命に乗りかわったという「武勇伝」も残る。

当初は目立たない存在だったという彼女にとって、躍進のきっかけとなったのは山口銀行のドン、田中耕三（故）との出会いだった。田中の中堅時代に親しくなって以降、頭角を現していった[*5]。

ドンが常務や専務、頭取と、銀行内で出世していくにつれ、坂下も保険のトップ生保レディとして名をはせた。10年にわたるドンの頭取在任中、坂下が親密さをほのめかすのを耳にした行員もいた。同行の元幹部は「坂下に取引先を紹介すれば人事に有利と考えるのがサラリーマン根性だ」と振り返る。田中の派閥へ入るには坂下に保険の顧客を紹介しないといけない、という雰囲気が行内にあったという。

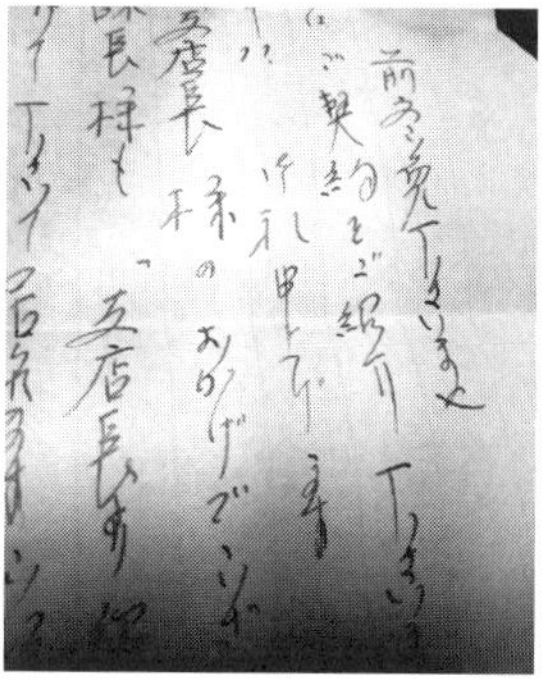
第一生命の営業職員が山口銀行の支店長（当時）に送った手紙。顧客を紹介してもらったお礼がつづられている

企業の経営者向けの保険は、高額だ。山口銀行による顧客の仲介で契約が成立した際、元支店長が坂下から受け取った手紙にはこんな言葉もあった。

「（紹介先の加入者は）本当にお心よくして下さいました。『山口銀行生命』にご加入のお心でございます」

とても筆まめな人物で、面会すると必ずお礼の手紙が届いたという。お土産を持って頻繁に挨拶に訪れるなどの細やかさも、彼女の強さだった。しかも訪問先が忙しそうだと状況を察してそっと帰るような人だったという。坂下への恩義から警察への被害届の提出を拒む被害者も少なくなかったようだ。

坂下は山口銀行に食い込みすぎ、2000年前後には同行の保険仲介が第一生命に偏った。金融庁が山口銀行に00年代初頭、「第一生命への顧客紹介の実態の調査」を求めたほどだった。ドン田中の後任として02年に就任した頭取は「癒着と思われかねない関係がある」と問題視し、あわせてさまざまな内部改革を進めたことで経営陣にあつれきが発生。就任3年目の04年6月、この頭取が辞任し、「解任劇」として話題を集めた。

前月の臨時取締役会で、頭取を外した取締役候補案が、ドン田中の息のかかった一部役員から提案された。解任派は管理の締め付けが強まった当時の経営を「改革を急ぎすぎた」などと批判。「反ドン」派は「(辞任の)大義名分がない。突然の闇討ちだ」と反論したという。

取締役会を二分する激論の末、8対6で解任派が勝利。当時、最年少取締役だった福田浩一が新頭取になった。当時の出来事をモチーフにした小説『実録　頭取交替』(講談社)の著者で山口銀行の元取締役、浜崎裕治は「陰で主導したのは、隠然たる力を誇っていたドンである田中氏だった」と証言する。*6

ドンはその後も、相談役として大きな影響力を保持。その影響下にあった頭取の福田は当然、坂下を丁重に扱った。「母親のように慕っていた」との証言もある。

冒頭の勤続50周年パーティーの発起人の一人はその福田だった。発起人はほかに前徳山市長、地元放送局の会長、神社の宮司といったそうそうたる顔ぶれだった。現役の市長、第一生命の首脳陣らも出席している。

後に山口銀行は別のガバナンス上の問題が発生し、21年夏に調査報告書を公表。[*7] そこには17年に監査部が調査した内容が記されていた。当時すでに監査部は「(坂下の)パーティの事務局的業務を行員が行ったり、ホスト側の役割をしたり、福田会長(山口FG元会長)が発起人になるなど、『当該パーティは、山口銀行・もみじ銀行の一部の行員と(坂下と)の関係が特殊な関係である』と疑念をいだかざるを得ないものだった」と指摘していた。この内容を踏まえ、21年の調査報告書は山口銀行と坂下の特殊な関係について「銀行が有する(また有すべき)高い信頼性・信用性に顧みると、悪用される可能性が十分にあるもので、なすべきではなかったと考えられる」と結論づけている。

不審な兆候

「4万分の1」の頂点に立つレジェンドに対する周囲の遠慮は異常を極めた。

金銭詐取が発覚する2020年の3年前にはすでに不審な兆候があった。にもかかわらず、第一生命はスルーしている。この経緯については、取材した筆者自身、不可解なことだらけだった。

「特別枠は本当に存在するのか」

17年8月8日、山口銀行徳山支店の担当推進役から坂下の所属する徳山分室にこう照会があった[*8]。

担当推進役は、取引先の有力者Aの名前を挙げた。そして次のような説明をする。「A氏から1億円の融資依頼があった。A氏は坂下から『自分だけに認められた特別枠があり、5%の運用で回る』と言われているそうだ。A氏はすでにいくらか貸しており、今までも利息が順当に支払われていると言っている。最初は自己資金を入れていたが、運用枠が拡大したので弊行から資金を借り入れてそこに充当するようになった。そんな運用枠があるのか聞いてみることにした」

「特別枠」など聞いたこともなかった第一生命の担当者は不審に思い、本社に連絡。本社のコンプライアンス担当らが態勢を組み調査を始めた。だが彼らが、改めて山口銀行を訪問すると、支店長から意外な反応が返ってきた。

「うわさ話を聞いただけだった。顧客と個人的なお金のやりとりはあるかもしれないが、弊行は詳細を把握していない」

担当推進役の詳細な説明とは一変。支店長は「A氏や坂下には弊行が問い合わせをしたことや、その内容は絶対に言わないでほしい」とまで頼み込んできた。

その後の展開について、筆者に対する両社の見解は食い違った。[*9]

第一生命　「被害の存在を疑い、山口銀行に協力を求めたが、拒否された」

山口銀行　「詳細を知る由もなく、取引先に直接話を聞いて頂きたいと伝えた。その後も高い職位で営業活動を継続する元営業員に対して疑念を持つ理由がない」

筆者の取材では、少なくとも担当推進役は有力者Aから特別枠についてある程度、具体的に情報を得ていた。その点について山口銀行に問い合わせたが、らちが明かなかった。

有力者Aにも何度か取材を試みた。自宅を訪問した直後、なんと山口銀行から「本人は会うつもりはない」と電話がかかってきた。

後日、山口銀行の幹部は筆者に、坂下の「特別枠」に預けるとした有力者Aに対する追加融資は実行しなかったと明かした。その説明の場で、有力者Aが筆者に宛てたという文章を幹部が読み上げた。筆者宛なのに、なぜか文章は提供されなかった。内容は、坂下が養護施設に寄付するなど素晴らしい人柄であり、有力者Aはそうした志に感銘を受け、証券を売却し得たお金で「特別枠」に追加で預けたというものだった。

その後の取材で、実はこの証券は山口銀行の親会社、山口フィナンシャルグループ傘下の証券会社で保有していたものだったとわかった。「顧客が勝手にやったこと」「グループ会社とはいえ別会社の取引には口を出せない」と言ってしまえばそれまでだが、第一生命から再三、調査依頼が出ているような案件で、なぜ有力者Aを止めなかったのだろうか。

20人超の被害を出しているなか、後味の悪さを残した。

「伏在調査」

一方の第一生命にも不可解な点が多かった。

第一生命の本社担当者らは、山口銀行の連絡をきっかけに調査を実施。坂下や有力者Aらに聞き取ったが、いずれも「『特別枠』という言葉は聞いたことがない」などと否定された。しかし、有力者Aへの調査は、坂下がかけた電話を担当者が代わり、その場で事情を尋ねるなど、坂下らに配慮したともとれる対応だった。[*10] 坂下のほかの顧客についても調べることはなかった。

その後も第一生命による、坂下への忖度は続く。

徳山分室の社員らは坂下の言動がおかしくなっていることに気づき、2018年6月以降、行動履歴を記録していた。「顧客に大げさな物言いをする」「時間帯を気にせず電話をかけ続ける」「山口銀行幹部との緊密性をことさらに強調する」など、状態は次第に悪化していく。

19年末ごろになると、高額の契約者貸し付けの申し出が坂下の顧客から相次いだ。加入した保険契約を元手に保険会社から顧客がお金を借りる制度で、「(坂下の)顧客の申請が通常の取引を超える多さだ」と記録している。だが、徳山分室を所管する西日本マーケット統括部は社員らの度重なる報告をスルーした。特別調査役は1年更新で、その都度、本社業務部らが判断することになっていたが、こちらもまともな調査をせずに更新を続けた。後に第一生命はその理由を金融庁に対し「更新を打ち切ることで本人から強い反発などを受けることを避けたい意識があった」と説明している。

問題が発覚した経緯も普通ではない。

実は坂下の娘も第一生命の優績者だった。坂下の顧客から彼女に問い合わせが来たことで問題が発覚。彼女が最初に相談したのは、営業部門トップだった第一生命ホールディングス副社長の櫻井謙二だった。担当部署やコンプライアンス部門を飛び越えて、一営業職員が首脳に相談していることそのものが第一生命の歪んだ体質をあらわしていた。

同社では山口事案の発覚後も、和歌山、福岡、神奈川、北海道などで営業職員による不正が相次いで発覚した。不正事案が次々と明るみに出たのには、第一生命が打ち出した「伏在調査」も背景にある。すべての契約者に、おかしい契約がないかなどについて尋ねた書面を郵送。契約者貸し付けを利用した顧客を対象に、被害がないかの確認も実施した。

金銭詐取は犯罪だ。顧客をカモにする行為のなかでも極端な部類に入る。ここまでに至らないレベルでの不適切事案はもっと多いのではと勘ぐってしまう。

そして、第一生命だけが特別におかしいとも思えない。濃淡はもちろんあるだろうが、どの社も多かれ少なかれこうした課題を抱えているのではないだろうか。第一生命は10年に相互会社から株式会社へ転換し、「ガバナンスの優等生」ともてはやされていたくらいだ。

金融庁はどう動いたか

第一生命の問題をきっかけに、金融庁の動向に注目が集まった。

20年12月の参議院財政金融委員会で、金融庁は「ほかの保険会社で同様な事案がないか」と委員に問われた。その際、監督局長の栗田照久は、被害額の巨額さ、詐取期間の長さ、成績優秀者の行為という3点を挙げ、「今回はきわめて特異な事案」と答えた。ただ、この事案を踏まえ、「各社自ら営業職員に対する管理体制を改めて検証し、必要な対応を図るように求めている」と説明した。

金融庁の方向性が業界に伝えられたのは、栗田の答弁の1カ月ほど前だった。

11月11日午後2時、東京・霞が関の金融庁。[*11] 保険課が入る7階の会議室で保険課長らが明治安田生命の調査部長らと向き合っていた。当局との折衝を担当する幹部らで、大蔵省時代、当局回りの彼らは同省の英語名「Ministry of Finance」の頭文字から取り「MOF担（当）」と呼ばれていた。いまだにそう自称する人もいる。

明治安田生命はこの年、生保の業界団体である生保協の会長会社だった。業界を代表して金融庁と面談し、意見を聞く役割を担っていた。

この日のやりとりを記し、一部の生保に共有された「当局訪問メモ」を筆者は入手した。それによると、次のようなものだった。

保険課「第一生命で起きた金銭詐取事案に絡んでマスコミからは『(当局として)一斉点検や総点検をすべきではないか』といった話が頻繁にでてきており、当局としても相当のプレッシャーを受けている。何もしないのは耐えられない状況だ」

明治安田生命「朝日新聞が騒いでいるのか」

保険課「朝日新聞だけではない。新聞の社会部系に加え週刊誌なども食いついており、かなり関心は高い」

当局はこう述べたあと、今後すべきことをおもむろに示唆した。

保険課「業界への影響を最小限に抑えつつ、対外的にも耐えられる方策について当方でも検討したが、やはり当局が動くような大ごとにはしたくない。そこで、業界自身の手で営業職員の活動管理に関するアンケートを実施するなどの取り組みを行い、自浄作用のある業界だと外から見えるようにしてほしいと考えている」

「当局訪問メモ」で衝撃的だったのが、当局側の語り口だ。

「大ごとにはしたくない」「自浄作用のある業界だと外から見えるようにしてほしい」。幹部が語ったとされる言葉は、問題を軽視していると受け止められかねないだけでなく、規制する側とされる側との間の、奇妙な「近さ」を感じさせるものだった。

「大ごとにはしたくない」などの文言について、発言の主とされた幹部に真意を尋ねた。すると「そんなことは絶対に言っていない」と否定。「業界自らがしっかり取り組まないならば、当局が動くよ、というのが基本スタンスだった」と説明した。

一方の明治安田生命に取材すると、回答は「一般論として非公式な備忘録メモをつくることはあるが、（筆者の入手したメモが）あるともないともコメントできない」というものだった。

しかし、明治安田生命が作成したメモであることは間違いなかった。複数の生保関係者に確認し、同じものが複数社に共有されたという裏付けを取ったからだ。仮に金融庁の発言がなかった場合、同社が勝手に当局のメッセージを作り上げて、他社と共有していることになってしまう。後に金融庁幹部は明治安田生命に「メモをつくるなら正確につくれ」との趣旨の抗議を入れたというが、結局、真相はうやむやになった。

国内生保と当局の距離感

発言の真偽は置いておいても、業界の一部に「当局はこう考えている」というメッセージとして共有されていたのは事実だ。

ただ、明治安田生命が業界を代表して当局と折衝した「当局訪問」ではあるが、このメモがすべての生保に共有されたわけではない。共有されたのは日本生命、第一生命、住友生命の3社だけだった。

明治安田生命を含めた大手国内生保4社は「輪番社」と呼ばれる。生保協の会長を1年交代で務め、業界を代表して当局と意見交換をする立場にある。

生保協に登録された生保は2024年4月時点で41社ある。4社のような国内生保のほかにアフラック生命やメットライフ生命などは外資系生保、東京海上日動あんしん生命、SOMPOひまわり生命などは損保系生保と呼ばれる。

ほかの中堅生保のなかには、当局が打ち出す施策を早い段階から把握する4社に対し、「不公平だ」とみる向きもある。ある中堅生保幹部は「当局と一心同体で政策をつくりあげているとすら感じる」とこぼす。

先ほどのメモに限らず、金融庁とのやりとりの多くは輪番社のみで共有される。4社は他の社よりも圧倒的に当局の意向や今後の動きに詳しい。

先ほど述べたように金融庁は近年、複数の生保商品を扱う乗り合い代理店に対し、厳しく目を光らせてきた。業界にガイドラインをつくらせ、細かな指導に余念がなかった。もちろん、乗り合い代理店に関する問題が起きているのも事実だ。だが一方で、いわゆる生保レディと呼ばれる営業職員に対しては乗り合い代理店に比べると、取り組みが弱いように見えた。

営業職員を主要な販売チャネルとしているのは、輪番社を中心とした国内生保だ。「当局訪問メモ」から読み取れるある種のなれ合いが、これまで営業職員を取り上げてこなかった遠因になっているのではないか。

営業職員は地域密着で長期の信頼関係を形成する。それが強みであることは間違いない。契約期間の長い生命保険に契約する顧客にとって安心感につながることもある。

ただ、そこでいったん「カモ」にされると、外部から見つけにくい。最近では顧客に加え、営業職員自身も高齢化する「老老問題」が表面化している。もちろん大半はまっとうに仕事をしているだろうが、無視できない問題が相次いでいるのも事実だ。

第一生命の金銭詐取事件は、会社が「優績者」に物が言えない状況下、長年築き上げた顧客との信頼関係や評判を逆手に、不正を繰り返していた。

「当局訪問メモ」で語られていたとおり、生保協が主導する形で「自主的」な調査が行われた。高齢営業職員や優績者に関する取り組みや、報酬体系、内部管理体制など、さまざまな項目について詳細に尋ねるアンケートを各社に実施。21年4月、その結果が公表された。[*12]

「ほとんどの社においては営業職員管理にかかる基本的な態勢整備がなされていることが確認できたが、（中略）一度構築すれば終わりというものではない」

「対応が不十分であった項目については改善に取り組むとともに、基本的な対応ができている項目についても更なる高度化の余地がないかを分析・検証のうえ、創意工夫を重ねることを期待している」

公表された文章には、何社に不備があり、どれくらい改善しているのかといった基本的なデータは示されず、優良事例（ベストプラクティス）が列挙されているだけだった。「お客さまの最善の利益の追求に向け、お客さまや社会からの要請等を的確に把握のうえ、業界課題への対応や会員各社の取組み支援等に積極的に取り組む」と記した。

あまりにも抽象的な内容。他社マスコミも違和感を持ったのか、公表後に開かれた協会の定例会見で、明治安田生命社長で協会長だった根岸秋男に対し、アンケートの意図や趣旨に関して質問が集中した。

――業界の問題に発展しないようにという狙いが透けて見えるが？

根岸　「（第一生命の事案は）特異な事案で、業界に共通する課題とか問題があったというような認識は今回のアンケート結果で持ち合わせていない」

――定量的なデータをなぜ出さなかったのか？

根岸　「趣旨が、アンケートを踏まえて、どう評価し、考察し、ここから各社の取り組みを促すというものだった。（不十分な事例が）ほとんどなかった状況で数字を示していないことは理解していただきたい」

保険契約が46件、高齢夫婦を襲った悲劇

ほぼ同じ頃、筆者は別の高齢優績者による不適切な事案を取材していた。何でも言うことを聞いてくれる高齢客に多数の契約を結ばせていた事案だった。[*13]

「優績クラブ賞」

大樹生命（旧三井生命）の生保レディ・内山正子（仮名・80代）の名刺には、誇らしげにこう記されていた。黄金の王冠が目を引く。

大樹生命によると本社の表彰制度で、成績がとりわけ良かった上位数％の営業職員が選ばれる名誉の証だった。彼女はこれを10回以上、受賞していたという。名刺に描かれた黄金の王冠の印も、同賞を受賞した人だけに許されたものだった。

内山が、都内に暮らす90代の夫婦のもとを訪ねてきたのは、00年頃。はじめは前任の担当者の引き継ぎのためだった。

だが、夫婦の60代長女によると、多い時期には、毎月のようにお茶を飲みに来るようになっ

ていた。

実はこの頃、視覚障害をもつ母は内山に「子どもたちに資産を分けていきたい」と相談していた。内山は「任せて」と懐に入り込み、保険を使った「遺産分割」などを提案していたようだった。

「人を信じやすい」という母はそれ以降、保険契約の内容や手続きをすべて任せてしまった。

高齢夫婦らに多数の不適切な契約を結ばせていた大樹生命（旧三井生命）の元職員の名刺。成績優秀者の証しとして王冠があしらわれていた

頻繁に訪ねてきた職員がぱったりと姿をみせなくなったのは19年の冬。母に「すべての手続きが終わりました。きれいに分割できました」と言ったという。

不自然さを感じた長女が通帳を確認すると、多額の保険料が大樹生命に払われていることがわかった。職員に問いただすと、「すべてそちらのご要望でした」。

夫婦は世間話の最後に職員から「ここにちょっとサインして」と言われるがまま、外貨建て保険や医療保険などを次々と契約していた。契約者や被保険者は夫婦だったり、長女らだったり。

解約後にすぐに別の保険に加入する「乗り換え」や、旧契約をもとに新契約に移る「転換」を繰り返させていたという。契約数は46件にのぼった。

乗り換えは、既存の契約を解約し、新たに別の保険に入らせる行為。一般的に保険商品は、長期間入り続けた方が契約者にメリットが大きく、途中で解約すると損しやすい。満期まで保有する前提で商品が設計されているからだ。「解約控除」といって、戻ってくるお金が減らされる場合もある。また、新たな保険に入り直す際は、旧契約を締結した時よりも年齢が上がっているため、保険料が高くなる場合も多い。保険業法では、こうした不利益となる事実を告げずに乗り換えさせる営業行為を禁止している。

転換は、現在の契約で積み上がったお金をもとに、新たな契約に入り直す行為を指す。乗り換えと異なり解約するわけではないが、商品によっては乗り換えと同じく、保険料が上がったり、予定利率（保険会社が約束する利回り）が低い商品に変わってしまったりする場合があるので、こちらも注意が必要だ。

大樹生命は21年1月から、内山の勧誘で多数の契約を結んだ顧客に対して、不審な点はないか確認の電話を入れる再発防止の対策をはじめた。内山ら担当した職員たちには伏せた上での取り組みのはずだった。

だが同じ頃、別の顧客だった会社役員の女性（61）のもとに、内山から連絡が来ていた。

「会社から電話が来ると思うけど、何もないと言ってね」と頼んできた。

だが、女性は以前から内山の行動を不審に思っていた。大樹生命からの確認電話に「気になることがある」と、内山の不審点を伝えた。

その後、大樹生命が調べたところこの女性は20年間で26件の保険を契約。冒頭の高齢夫婦と同じように契約、解約を繰り返していたことがわかった。

「押し売りは嫌い。一流の人とだけお付き合いしている」。女性によると、内山の口癖だった。企業の経営者や資産家などの実名を挙げて自分の顧客だとアピール。「お金には困っていない」と財布の札束をちらりと見せた。

「私の言う通りにしておけば大丈夫」という内山に、女性は手続きをすべて任せてしまっていた。

「今思えば、うかつに信頼してしまい、甘すぎた」と女性は悔やむ。

大樹生命は筆者の取材に対して、90代夫婦のケースについては「顧客の意向に沿わずに契約を多数結ばせていた。非常に重大な問題と捉えている」と回答。多数契約と認定し、返金などの対応をとった。

会社役員の女性のケースには「現在も対応を継続中」とした。

営業職員の成績のカウント方法は各社によって違うが、基本的には新規契約の獲得が評価される。こうした基準を逆手にとる営業員もいる。成績を上げるために、同じ人に契約・解約を繰り返させたり、不必要な保険をいくつも掛けさせたりしてしまう。

こうした過剰契約の問題は最近、かんぽ生命保険で表面化した。自分の成績や営業手当のために、知識のない高齢者らに不必要な契約を結ばせたり、短期で解約させたりといった不適切な営業が19年に発覚し、世間に衝撃を与えた。*14 一部の郵便局では、判断能力が衰え、言われるがまま契約してしまう高齢者を隠語で「ゆるキャラ」と呼んでいた。

大樹生命は、内山が担当になってから20年近く、なぜ見抜けなかったのか。

同社には「乗り換えウォーニング」というシステムがあった。同じ被保険者の契約が追加された場合、システム上にアラートが付き、上司が職員に対し意向に沿った契約だったかなどをヒアリングする。

だがこれも一部の商品に限られたという。保険料を支払う契約者は同一で、被保険者を長女、長男、次男といったバラバラの人物に設定されたら、見抜けない。多数契約のなかでも非常に狭い範囲しか、発見できないものだった。

同社は、この事案を先ほどのアンケートの時点で報告対象にしておらず、対外的にも公表していなかった。

生保レディが依然主流

かつて生命保険の販売は、生保レディの「専売特許」だった。「夫は仕事、妻は家庭」が普通の高度経済成長期、生保レディは万一への備えを訴えて保険を売り歩き、日本が保険大国化するのに大きく寄与した。生保レディは、仕事を必要とした女性の受け皿として重要な役割も果たした。

だが、最近、乗り合い代理店やネット生保の存在感も増してきている。

中堅生保の試算では、死亡時に3千万円を得る10年定期の保険に30歳男性が加入する場合、国内大手の保険料は約6500円。中堅生保の代理店向けは約5千円、ネット系生保は約2700円だった。

差は歴然だ。国内大手の保険料が高い理由の一つは、メインチャネルが生保レディだから。こうした営業職員へのコストで費用が膨らむ。

それでも、加入ルートの大半は依然、営業職員が占める。これまで乗り合い代理店の割合が上昇する傾向にあったが、生命保険文化センターの2021年度の調査では、その傾向がとまった。「生命保険会社の営業職員」が55・9％（前回53・7％）で、「保険代理店の窓口や営業職員」は15・3％（前回17・8％）、ネットを含めた「通信販売」6・4％（前回6・5％）だった。

金融庁保険課は、コロナ禍を機に各社が営業職員のあり方を大幅に見直すという「仮説」を持っていた。だが、経営陣らと対話を始めると、営業職員による営業体制に想定以上に強いこだわりを持っていたという。

第一生命は一連の不祥事を受け、営業職員の採用を絞り込んだり、教育に力を入れたりし、積極的な営業を控えた。そんななか、23年3月期決算で、第一生命ホールディングスが売上高にあたる保険料等収入で8年ぶりに日本生命を抑え、首位となった。だが第一生命HDに高揚感はない。

むしろ、中核生保である第一生命の別の指標が業界を驚かせた。

新たに獲得した契約が将来生み出す利益を示す「新契約価値」がマイナスになったのだ。HD全体の収入の伸びは一括払いの外貨建て保険など、額が大きい商品の販売が銀行などで増えたことが要因。中核の第一生命にとって、利益に貢献するのは営業職員が扱う医療保険などの商品である。人件費やシステム費などの事業費に対して、こうした商品の新契約が少なくなってしまったのだ。いわば「適正化の代償」とも言え、そのことで事実上の採算割れとなった。

生保営業では、積極的な営業姿勢を一度でも控えると、現場は元のような士気には戻れないとも指摘される。「教育を重視するほど、契約獲得への意識が薄らぐ。第一生命は取り返しがつかないことになってしまったのでは」。別の大手生保の幹部は話す。

ノルマの重圧

生命保険は死や病気に対する備え。本来、こうした事態はあまり想像したくない。それでも必要であることを説かないと売れない。「生活の不安」や「家族への贈り物」を強調して、勧誘する。生保の営業では、はじめから存在する「需要に応える」のではなく、「需要を喚起させる」ことが重要とされる。「プッシュ型」営業の典型ともいえ、それは強引さ、しつこさと紙一重だ。

「多少強引にでも入ってもらった人が病気になって保険金をもらうことができた。そのときに感謝されて、自分の営業に確信を持った」と話してくれた営業職員もいた。これは本心であろうし、実際にこうしたことは少なくないと思う。

であるからこそ、「売れればよい」とする発想は業界の評価を下げてしまう。「保障が本当に必要な人か」よりも「契約してもらいやすい人か」といった発想に陥ってしまい、本来、保障を必要とする人たちさえも遠ざけてしまいかねない。

「とにかく保険を売らないと転落するシステムでした」。大手生保で働いていた関東の40代女性は振り返る。入社2年間は一定額の給与が保証されていたことも魅力に感じ、入社を決めたという。

給与で大きな比重を占めるのは「営業手当」だ。金額はエリアごとに異なり、女性が働く支社では12万円だった。ただ、前月の契約獲得が0件だと営業手当が10％減、1件の獲得だと5％減となる。給与を下げないためには、毎月2件は最低でも達成しなければいけないルールだった。

年次を重ねるごとに求められる契約獲得数のハードルは上がっていく。成績の振るわない営業職員は最低賃金レベルの給与に下がり、1件もとれない月が2カ月以上続くと、営業手当がつかなくなる。そして、嘱託契約となり、福利厚生からも外れる。

「事実上の退職勧告と理解していた」と先ほどの女性は振り返る。女性は「ノルマが……」と顧客に泣きつくこともあったという。肌に合わず退職したが、直前には親族らへの勧誘を上司に求められた。「元々ある人脈から契約を取ってもらえれば、あとは優秀な人だけを残せばいいとの考えでは」。会社の姿勢に疑念を抱いたという。

関東の40代の営業職員は数年前に大手生保に入社。[*15] 退職すべきか悩む日々を送っていた。

「保険の『相互扶助』という仕組みは素晴らしいと思いますが、『会社に利益をもたらす保険が良い商品』という社内の雰囲気には違和感があります。『これは本当にお客様の役に立つものなのか？』と思うことがあり、次第に商品を販売することで、お客様に不利益をもたらしているのかもしれない、と感じるようになりました」

とくに違和感があるのが、営業トークがうまい優績者への豪華な見返りという。

「あまり知識のない消費者の不安をあおって、たくさんの契約を挙げる成績優秀者に与えられる豪華食事会、豪華食材、さまざまな形でのインセンティブ……。これらの費用はどこから出ているの？　と思ってしまいます」

課されたノルマが達成できない場合、どうなるのか。

「所属するオフィスの上長や支社長から呼び出されて面談があります。居心地も悪くなり、結果的に職を離れていくことになるでしょう」

契約獲得のため、身内に入ってもらう「自爆営業」も経験した。

「本来必要ないのに、上司から言われてそのときは『仕方ないか…』と思ったのですが、『会社の圧力に負けた』という感じですね。きっと、成績のために家族、身内から契約をもらうということはほとんどの職員に経験があると思います」

一方で、販売実績の高い優績者に対しては、会社の態度が一変する。

「優績者はとにかく自由です。数字、成績が良ければ、上司は何も言いません。会社を休んでも、どこで何をしていても、とがめられることはありません。成績が悪ければ、毎日、逐一『どこで、どんな活動をしてきたの？　早く1件でも探してきなさい』と言われるだけです。プレッシャーを感じすぎると、メンタルがやられてしまうと思います」

＊1　朝日新聞２０２０年12月8日〜12日朝刊。

＊2　朝日新聞21年11月20日西部版朝刊。山口地検周南支部は同年11月18日付で「被疑者の年齢や健康状態、その他の諸般の事情を考慮した」とし、不起訴処分（起訴猶予）とした。

＊3　第一生命被害者弁護団の20年11月17日の会見資料。

＊4　第一生命の『「元社員による金銭の不正取得」事案に関するご報告』ｐ2。

＊5　山口銀行の有力ＯＢ２人への取材（20年11月）。

＊6　浜崎裕治へのインタビュー（20年12月2日）。

＊7　山口フィナンシャルグループ調査委員会の「調査報告書」（21年7月26日）ｐ4。

＊8　第一生命が20年11月に金融庁に報告した内容や山口銀行への取材（20年11月）。

＊9　山口銀行広報からのメール回答（20年10月28日）、第一生命広報からのメール回答（20年10月22日）。

＊10　第一生命が20年11月に金融庁に報告した内容。

＊11　朝日新聞20年12月11日朝刊。

＊12　生命保険協会「『顧客本位の業務運営』の高度化に資する営業職員チャネルにおけるコンプライアンス・リスク管理に関するアンケート」に関する報告（21年4月16日）。

＊13　朝日新聞デジタル22年6月23日配信記事。年齢などは掲載時。

＊14　朝日新聞経済部『かんぽ崩壊』（朝日新書）。

＊15　営業職員の女性への取材（21年5月18日）。

第八章

保険本来のあり方とは?

「節税保険」の珍騒動

近年、金融庁は保険本来の趣旨や役割を逸脱するような行為に対し、厳しい姿勢で臨んでいる。六章で述べた公的保険の説明をめぐる監督指針の改正は、公的保険の「補完」という保険本来のあり方に立ち返れとのメッセージだった。

最後の章では、生命保険会社が販売する個別商品を通じ、金融庁と業界の「攻防」や、問題の是正に向けた取り組みを描いていく。

最近で「生命保険とは何か」をもっとも問われたのが「節税保険」ブームだった。[*1] 2017年ごろから23年にかけ、金融庁のみならず国税をも巻き込んで「珍騒動」を起こした。

この問題では、おもに企業向けの「経営者保険」が使われた。法人が契約し、経営者や役員が死亡した場合などに、法人に保険金がおりる。オーナー社長が多い中小企業では、経営者の不測の事態は、事業上の大きなリスク。「万が一」に備えることは経営の安定性にとって重要であり、加入を後押しするため税制優遇が備わっている。節税保険の発想は、こうしたルールを逆手にとり、税制メリットを前面に押し出した保険を設計し、販売することだった。

これまでも、外資系中堅生保が怪しげな商品を売ってみては当局から目をつけられるということはあった。だが、17年に始まったブームは業界首位の日本生命が火をつけたという点で従来と質が違っていた。

商品の通称は「プラチナフェニックス」（プラチナ）。経営者保険は掛け金が高額であり、1年で1万件売れれば大ヒットである。そんななか、プラチナは1年間で5万件を売り上げた。

この保険は期間が決まっている定期保険の一種で、主に1年に1回保険料を支払い、被保険者である経営者が死亡した場合などに保険金が支払われる。このタイプの定期保険は当時、保険料が全額経費扱いとされていた。基本的に「掛け捨て」であり、満期や途中解約で戻ってくるお金（解約返戻金）はない。全額経費だったのは、純粋に保障としての役割を果たしていると考えられたからだ。

プラチナの特徴は、保険期間の前半と後半で保障内容を分けたこと。前半は主に災害による死亡、後期は災害に加えて病気などによる死亡を保障する。災害で死亡する可能性は低く、前半の方がリスクが低い。リスクが高いほど保険料は高くなるが、保険料支払いは保険期間を通じて同額であるというルールがある。このため前半には後半への「前払い」分ができる。本来、掛け捨てであるはずの定期保険であるが、途中解約すればこの積み立て部分が解約返戻金としてどさっと戻ってくる。

利益が出ている中小企業の社長に対し、「そのまま利益を出していたら23・2％の法人税が取られてしまいます。プラチナに入れば全額経費扱いとなります。利益を圧縮し、法人税負担を減らしましょう。途中で解約すればお金が戻ってきます」といったセールスが横行した。

各社が同種の商品をこぞって投入したことでブームが過熱。表向きは中小企業のリスク対策であるが実態は節税対策。いびつな形で1兆円近い市場に成長した。保険料が全額経費（損金）扱いにできるルールを悪用したことから業界では「全損祭」とも言われた。

これに怒った国税庁が19年、ルールを改正し、保険料を経費として扱う料率を変更した。2月14日から保険会社が順次、対象商品の販売を停止したことから「バレンタイン・ショック」と呼ばれた。

金融庁長官の遠藤俊英は同月、生保幹部を集めて次のように語った。

「厳しい収益環境のなか、トップライン維持のために、過去を顧みず、問題がある商品を販売するという姿勢はいかがなものか。経営のあり方として美しくない」

もはや租税回避

節税保険ブームはこれで収束するかに見られた。だが、手口はより悪質となっていく。

それが「名変《めいへん》プラン」と呼ばれる手法だ[*2]。経営者個人が払う税金を抑えて会社の資産を経営者個人へ「お得に」移せる——。そんなセールストークでブームとなった。

この保険も法人が契約し、経営者の死亡など万一の事態に備えるというのが表向きの目的。

「低解約返戻金型逓増《ていぞう》定期保険」という種類が使われた。途中で解約すると戻ってくる返戻金が当初の数年間は極端に低く設定されている。その期間中に経営者個人へ名義変更して譲渡する。

この仕組みのポイントは、課税の実務上、法人が契約した生命保険を経営者個人に名義変更する際、経営者はその時点で解約した場合に戻ってくる解約返戻金と同じ金額で買い取れるとされていたことだった。

当初の解約返戻金が数%と低い商品もあり、経営者個人は会社から「割安」に取得できる。その後、一定期間を過ぎると解約返戻金が急増する設計のため、その時に解約して高額のお金を受け取れる。生命保険の解約返戻金は課税対象だが「一時所得」に分類される。一時所得は、得たお金の半分だけが課税される。経営者が役員賞与などでお金をもらった場合、全額が所得税の課税対象となる。これより税を抑えられると、勧誘の場でアピールされるのだ。

例えばある外資系生保の「顧客への提示・配布厳禁」と記された代理店向け研修資料をみてみる。加入時に55歳の男性経営者が死亡した際、1億5千万円を受け取れる契約例（20年満期）が示されている。契約者は法人で、年約2400万円の保険料を払う。

先ほど述べたように、最初の数年間で解約した場合、顧客に戻る返戻金は極端に低い。払い済み保険料に対する返戻金の割合（返戻率）は、2～4年目がわずか数%。だが5年目になる

会社加入の生命保険を個人へ移す方法（イメージ）

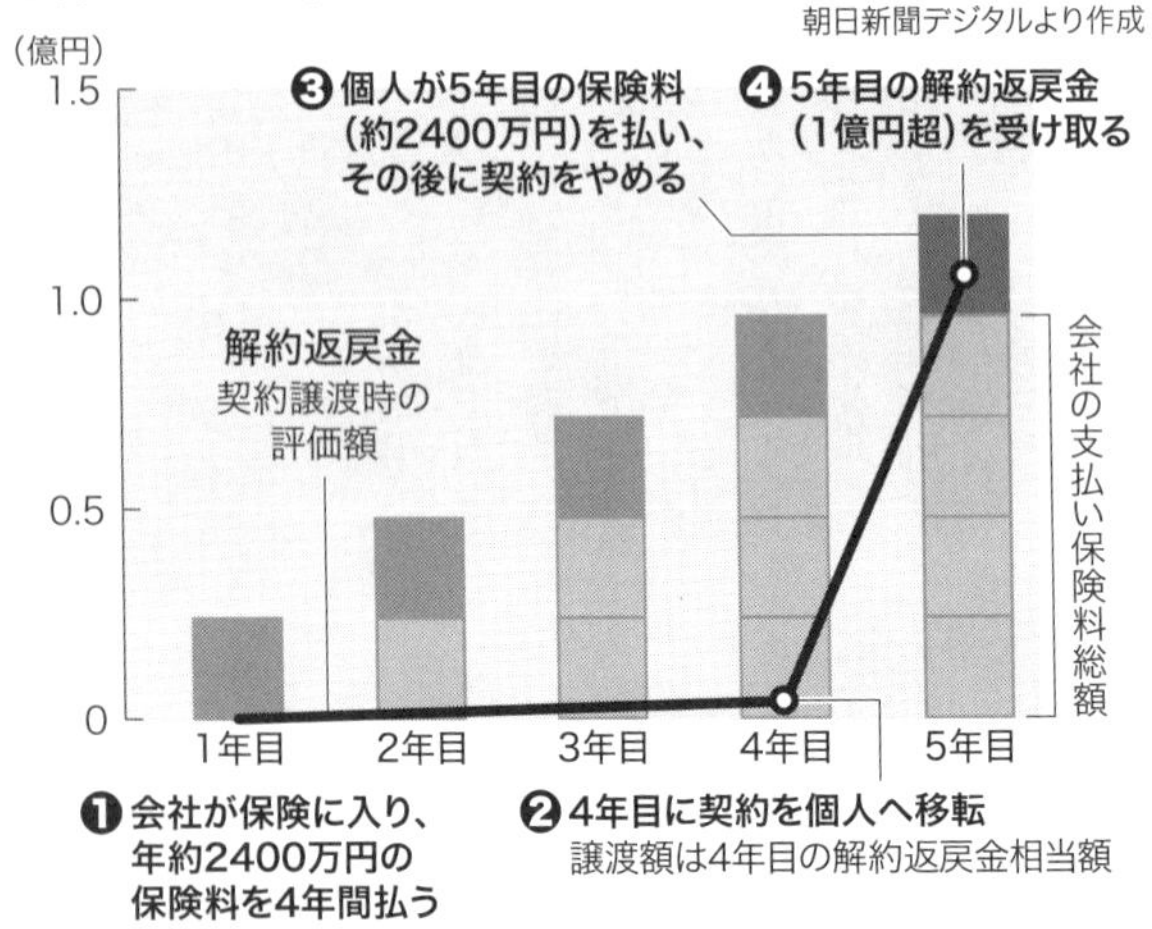
朝日新聞デジタルより作成
（億円）
1.5
1.0
0.5
0
❸個人が5年目の保険料（約2400万円）を払い、その後に契約をやめる
❹5年目の解約返戻金（1億円超）を受け取る
解約返戻金
契約譲渡時の評価額
会社の支払い保険料総額
1年目
2年目
3年目
4年目
5年目
❶会社が保険に入り、年約2400万円の保険料を4年間払う
❷4年目に契約を個人へ移転
譲渡額は4年目の解約返戻金相当額

と約85％に急増する。この特徴を生かし、契約を会社から経営者ら個人へ名義変更する。

法人が保険料を４年間払い（計９６００万円）、名義を経営者個人へ移す場合を考える。４年目の解約返戻率は約４％に設定されており、個人としての経営者は自腹で会社に３８４万円（９６００万円の４％）支払えば、契約を買い取れる。買い取った経営者は１年だけ契約を続け、５年目の保険料２４００万円を自らのお金で支払った後に解約する。５年目の返戻率は約85％と跳ね上がるため、１億２００万円（５年分の保険料計１億２千万円の85％）を手にできる。

先ほど述べたように個人が解約した際に得る解約返戻金は課税対象だが、「一時所得」の扱いとなる。一時所得は、得たお金の半分を課税対象とするルール。受け取り返戻金から支払い保険料などを差し引いて2分の1とするため、上記のケースだと課税対象は約3700万円。もし、会社がこの保険に入らず、経営者個人に役員賞与としてお金を渡す場合、全額が所得税の課税対象になってしまう。

「保険を使えば、会社のお金を社長に所得税を減らしてお得に移せますよ」などとセールスされる理由だ。

国税庁の怒り

「名変プラン」に対する国税、金融庁の怒りは大きかった。

バレンタイン・ショックの際、「厳重注意」になったにもかかわらず、懲りずにまたもルールを悪用した手口がブームになったからだ。

それ以上に問題視されたのは、今回のケースはもはや節税という次元を超えていたという点にある。保険会社が様々な「節税」商品をつくり、国税庁が税務ルールを見直して抜け道をふさぐ。こうした「いたちごっこ」は昔からあったが、名変プランは「これまでより悪質さが一段上」（税務関係者）と言われる。税法がまったく想定していない不自然な行為で、節税というより「租税回避」ともとれる利用法のためだ。

多くの生保は税務リスクを顧客へ注意喚起してきた。プラチナで「しくじった」日本生命は企業向けの案内書で名変プランについて「租税回避行動とみなされる可能性がある」と記していた。

舐められた国税の憤りはすさまじく、事態が動くのに時間はかからなかった。

2021年3月17日夕。生保協で「拡大税制研究会」という名の会合がオンラインで開かれた。国税担当者による新たな課税ルールの説明の場だった。

「保険契約の名義変更時の評価の見直し」というタイトルの資料を使い、国税の担当者が新ルールを説明していったという。

複数の関係者によると、国税の担当者は冒頭、こう語った。

「将来多額の解約返戻金を受け取ることのできる保険契約を、低い解約返戻金で名義変更することは、通常の取引において想定されない。低い解約返戻金で保険契約を評価することは不適当だ」

名変プランのポイントとなっていた、会社が経営者個人に契約を移す際、そのときの解約返戻金相当額で買い取れるとする慣行を否定した。

そして新ルールでは、財務諸表に資産として計上された支払い保険料の金額を買い取り額とするよう改める、とした。

どういう意味か。

先ほど例示した商品でいえば、加入した会社は元々、支払う保険料の6～9割ほどを資産として計上するルールであった。4年間に払った保険料が計9600万円だったので、6割を資産計上するケースだと計5760万円となる。新ルールでは、こちらを買い取り額の基準とした。これまではそのときの解約返戻金と同額とされていたので、買い取り額が384万円で済んでいた。買い取り額が一気に跳ね上がることになる。

今回の見直しについて、大手生保の関係者は「名義変更プランのうまみはゼロになる」と話し、「バレンタイン・ショック時よりも衝撃が大きい」と話した。

なぜなら、すでに販売した保険契約にも大きな影響が及ぶためだ。ルールの見直し対象と正式に示されたのは、19年7月以降の契約。すでに保険に入って21年6月以降の名義変更を考えていた人は、その「抜け道」をふさがれた。国税庁の怒りの大きさとも受け止められた。

国税の打ち出しが3月だったため、今度は「ホワイトデー・ショック」と呼ばれた。

名変プランが可能な保険商品は、マニュライフ生命、明治安田生命、エヌエヌ生命、SOMPOひまわり生命などが扱っていた。各社は当時、「節税目的で商品の勧誘をすることを禁止している」（マニュライフ生命）、「節税目的で使われないよう最大限注意喚起している」（明治安田生命）などとして、そもそも名変プランが現場で行われていること自体を否定。販売を続ける方針をとった。

業界の「二枚舌」

だが、この時点で筆者は、販売シェア首位のマニュライフ生命の内部資料を入手していた。

そこには「代理店研修資料　研修終了後、要回収」と記されていた。保険契約を経営者個人へ名義変更した際の金額例を紹介しており、「対個人払込377％」などの数字が並んでいた。経営者個人が払ったお金の3・8倍を受け取れるとの趣旨だ。

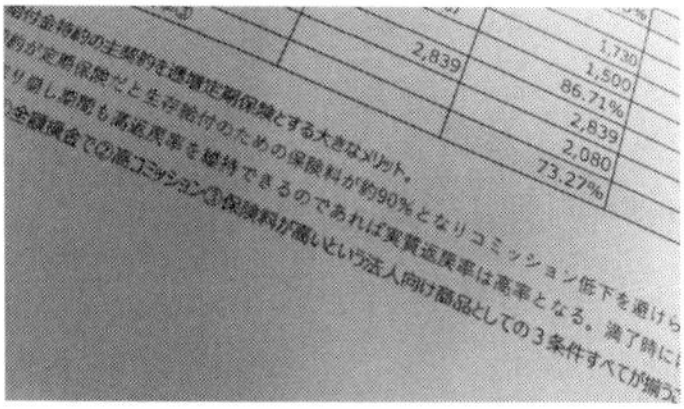

マニュライフ生命の法人向け新商品開発案の内部資料。「全額損金（経費扱い）」「高コミッション」など、商品の「強み」が記されている

先ほどの名変プランの仕組みを例示し、細かな数字が丁寧に記されている。名変後の所得税の計算方法まで記されていた。「資産移転プラン　会社→個人」とあり、名変プランについて「短期間で個人財産の形成が実現可能」などの文言もあった。

同社ではさらに、節税効果を重視した新たな商品の設計に関する資料まで見つかった。資料にはセールスポイントとしてこんな文言が並んでいる。

「①全額損金（税金がかからず全額経費扱いにできる）②高コミッション（代理店への高い販売手

数料）③保険料が高いという法人向け商品としての3条件すべてがそろうことになる。これは間違いなく売れる！」

不適切な営業や商品開発を表向きには否定しつつ、実は名変プランなどの節税、租税回避をセールストークにした商品を開発し、販売現場で勧誘が広がっているのではないか——。21年4月の生保協の定例会見で筆者が聞くと、明治安田生命社長で協会長の根岸秋男は「税負担の軽減を過度に強調するような、保険本来の趣旨を逸脱するような勧誘・販売がなされてはならないのは当然のこと」と明確に否定。明治安田生命もこの種の保険を扱うが、名義変更については「（顧客に）租税回避行動と認識される可能性があることを喚起した上で同意書をもらっている」として、「適切な勧誘がされていると思う」と語った。

明治安田の「見て見ぬフリ」

だが、国税と同じく問題意識を持った金融庁がジワジワと外堀を埋めていく。「保険本来の趣旨を逸脱するような販売・勧誘が行われないよう、募集管理態勢を整備し、実効性を確保して頂くことが重要だ」

21年6月11日の生命保険各社幹部と金融庁との意見交換会。監督局長の栗田照久が名変プランを念頭に、こう注意喚起した。[*3]

一部の生保にはこの前日、金融庁から「名義変更可能な商品にかかるアンケート」と題するメールが届いていた。名義変更できる対象商品の15年以降の契約について、名義変更や解約がどれくらいあるのかなどのデータ提供を求めるものだった。

「絶妙なタイミングでの名義変更は、契約時に初めから意識していないと起こりえない現象だ。どういう勧誘をしていたか、データがあればある程度推し量れるだろう」。大手生保関係者は金融庁調査の狙いをこう推測した。

そしてこの調査で結局、マニュライフ生命やエヌエヌ生命、明治安田生命、SOMPOひまわり生命など、対象商品を扱う生保で名義変更の割合が不自然に高かったことが発覚した。

明治安田生命は筆者の取材に対し、「名義変更率が他の法人向け商品に比べて相対的に高いことは認識している」と、4月の協会長会見から一転させた。「今後も継続して適切な加入推奨などに取り組んでいく」とコメントしている。SOMPOひまわり生命も当初、筆者の取材に問題はないの一点張りだったが、名義変更率が高かったことを認め、各社は商品の販売を停止した。

その後の22年2月、とうとう金融庁がマニュライフ生命に立ち入り検査に入った。同時に、エヌエヌ生命、SOMPOひまわり生命、FWD生命の3社には販売実態の説明を求める報告徴求命令を出した。マニュライフ生命とエヌエヌ生命はその後、業務改善命令を受ける。マニュライフ生命では当時のＣＥＯ（最高経営責任者）やＣＤＯ（営業全般の統括責任者）が営業に対し、名変プランを推進する趣旨の発言を行っていたことが認定された。*4

一方で明治安田生命は当時、報告徴求命令すらも免れた。名義変更の割合は高かったものの、現場で節税を指南するような文書が見つからなかったのが理由とされる。ただ、その後の23年3月、明治安田生命も立ち入り検査を受けることになる。

当時、営業職員の不適切な募集や金銭詐取が結局、同社でも明らかになっていた。金融庁関係者はこうした営業職員の問題と節税保険とで「7対3くらいの比重」と表現した。

関係者によると、立ち入り検査では、案の定、複数の代理店から明治安田生命の商品を使った不適切な販売手法に関する資料が見つかった。

明治安田生命は自社の関与を否定したが、検査官から厳しく追及された。

「会社として、代理店のこうした行動に感づいていながらも、見て見ぬフリをしてきたのではないか」

「見て見ぬフリをしてないか」。検査の現場であまりにも繰り返し発せられたため、明治安田生命の一部ではこのフレーズが「流行語」になったほどだという。

マニュライフ生命に対する業務改善命令で「問題の所在」として最初に挙げられていたのが「保険本来の趣旨を逸脱するような商品開発及び募集活動」だった。同様の文言は、エヌエヌ生命の処分の際にも盛り込まれている。

金融庁は近年、明らかに「保険本来の趣旨に照らして適切か否か」という観点を重視している。個人向けの保険でも同じだ。例えば、各社が販売に力を入れる外貨建て保険の商品認可をめぐって、それが表れた。

2023年度、ある生保が金融庁に対し、一時払い（一括払い）タイプの外貨建て保険の最高保険金額を大幅に引き上げる申請をしたが、商品審査で否認された。

金融庁保険課が根拠に挙げたのは、やはり保険本来の趣旨から逸脱するという点だった。金融庁は生命保険の趣旨として、①保険金等支払いで死亡や生存リスクに対する「保障の提供」②契約者が支払った保険料が運用されながら積み立てられるため生じる「資産形成効果」、という2点を指摘。過度に高額な保険金額の外貨建て保険については「利殖や投資目的のみとなり保険本来の趣旨から逸脱する可能性が高い」とした。[*5]

商品認可の面だけでなく、外貨建て保険の販売のあり方をめぐっても、金融庁は外堀を埋めつつある。

外貨建て保険は、顧客が米ドルなどの外貨で保険料を支払い、生保がそれを運用するもの。近年、米国で利上げが進んだことで、ドル建て保険は利回りが大幅に上昇。契約者に約束した利回り（予定利率）が年4％台の商品も出回った。一方、日本銀行の低金利政策で、円建て保険は利回りが1％程度と低いままだ。

主流は一括で保険料を支払う一時払いタイプで、おもに銀行（銀行窓販）や証券会社などで売られている。業界のまとめでは、銀行窓販での販売額は22年度、約3兆9千億円で、前年度比8割増となった。

ただ、外貨建てで運用するため円高に振れると元本割れリスクがある。短期間での解約には一定額が差し引かれる「解約控除」や、解約時の金利状況で返戻金が変動する「市場価格調整」など注意事項が多い。

外貨建て保険が銀行窓販で売れる背景には、金融庁の動向も影響している。銀行窓販でのもう一つの稼ぎ頭であった他の金融商品が当局主導で駆逐されてしまったからだ。

金融庁は17年に「顧客本位の業務運営に関する原則」（FD原則）を策定した。ルールで縛りあげるのではなく、各社が創意工夫し、より良いサービスを追求する。顧客のニーズに沿った最適なサービスを提供することで、顧客の支持を得て生き残る。顧客を顧みず、自社の短期的な利益だけを優先する金融機関は淘汰される――。こんな世界を夢みていた。

その一環で金融商品の手数料の「見える化」を進めてきた。金融庁の圧力もあって、投信では販売手数料ゼロの商品「ノーロード型」が増え、売り手にうまみのあった毎月分配型やテーマ型が低調となっていった。

だが、金融庁の大きな問題は局所的な対応しかしなかったこと。全体を見ていないと、一つの水漏れをふさいでも、別の部分で水が漏れるだけだ。

銀行や大手証券など対面が中心の金融機関は、仕組み債や外貨建て保険に主力商品をシフトさせた。これらは販売手数料が高く、売り手にうまみが大きかった。

金融庁は銀行、証券、保険の3分野を一体的に監督する「integrated regulator」(統合規制官庁)であることが本来の強みである。例えば米国ではそれぞれ別の当局が存在する。それなのに金融庁は局、課ごとに縦割りが目立ち、混乱が生じた。

金融庁によると、仕組み債の銀行や証券会社の販売額は16年度の3・8兆円から20年度に4・3兆円に。このうち、地銀が7千億円で2倍超に増えている。

仕組み債をめぐって証券業界は、手数料の開示を拒否していた。販売で得られる利益は、自己勘定で組成したか、仕入れたものを売ることで得られる「スプレッド収入」(サヤ利益)であり、そもそも手数料というものは存在しない、というのがその理由だった。

仕組み債は、販売側がべらぼうに利益を得られる商品だ。[*6]

おもに組成するのは欧州の金融機関で、そこから日本の証券会社らは購入してくる。証券会社は販売の段階で、顧客への販売価格100円に対して6〜7%は抜いていた。自らで組成した場合、販売価格との差は2〜3割は普通だったという。

仕組み債の多くは、株価や為替水準など、予め定めた参照指標にもとづいて、償還金額が決まるのが特徴だ。一定の数値を超えると「ノックアウト」といい、元本が満期前に顧客に戻ってくる。逆に一定の水準を下回ると「ノックイン」し、お金が大きく下落して戻ってくる。

「営業員にとって逃れられないのは、顧客の財布が有限という事実だ」。仕組み債の組成に携わっていた外資系証券会社の元幹部は話す。「例えば顧客に1千万円の預金があったとして、何かを販売してしまったら、もう他は売れない。それこそ長期保有向けの金融資産を購入させたら、客としての価値はなくなってしまう」

だが、顧客の資産1千万円に対して何度も取引できれば、その都度、手数料を獲得し続けることができる。これは俗に言う「回転売買」という手法だ。

投資信託などの金融商品の回転売買の場合は、解約と契約を繰りかえさせるため、目立ちやすく足がついてしまう。だが、仕組み債はノックアウトのたびに「戻ってきましたね。また行きましょう！」と勧誘し、買わせることが可能になる。金融庁によると、償還にいたった商品は平均7カ月ほどで早期償還されていたという。6%のサヤ利益であれば、1年に4回買わせれば、24%が入ってくる計算だ。それを続けているうちにどこかで「ノックイン」し、大きな損失を顧客が被ったとしても、「何度も購入していてリスクは熟知していたでしょう」と逃げ切ることができる。

地銀を中心にこうした悪質な販売が横行。なかでも業務改善命令を受けた千葉銀行は、客の投資方針が安定重視だったのに、利回りを強調し、傘下の証券子会社で仕組み債を買うように誘導していた。傘下証券に紹介した顧客が仕組み債を購入すれば、銀行側が手数料を受け取れるルールになっており、行員の収益目標にもなっていた。購入客の半数超を70代以上が占めたという。

外貨建て保険

金融庁の圧力で仕組み債の販売が閉ざされると、新たな収益源として外貨建て保険に向かった。[*7]金融庁の調べでは21年下期から販売が逆転している。米欧の金利が上昇したことも大きいが、同庁が仕組み債にまさにメスを入れていた時期だった。

外貨建て保険の販売でも、回転売買と似たような現象が起きている。

外貨建て保険には「目標到達型」「ターゲット型」と呼ばれるタイプがある。解約返戻金が

仕組み債・外貨建て一時払い保険の販売額の推移

金融庁「リスク性金融商品の販売会社による顧客本位の業務運営のモニタリング結果について（2022事務年度）」より筆者作成

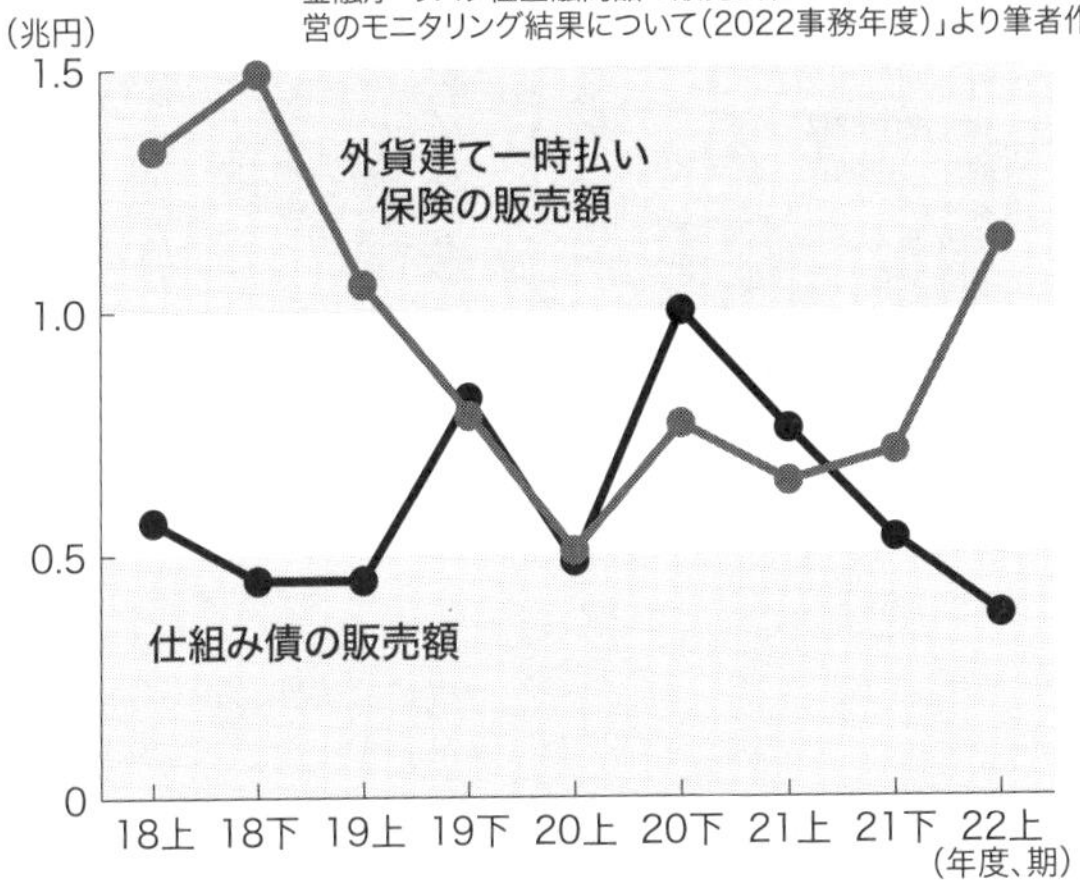

一定水準に達した場合、自動的に解約する仕組みで、その水準をあらかじめ決めておく。仕組み債のノックアウト、ノックインと似たような仕組みだ。

生保関係者によると、ある地銀では「目標額を低めに設定しておけば、外貨建てでも安心です」などと勧誘し、半年もたたずに目標を達成すると「成功したのでまたやりましょう」と再び購入させる例もあるという。金融機関が手にする目標到達型外貨建て保険の手数料は6～8％ほどと高額だ。仮に顧客が1千万円の商品の購入・解約を2回繰り返せば、金融機関には120万円が入ることになる。

回転売買が疑われるケースでは、目標額を最も低い105％などに設定し、到達しやすくしているという。ある生保幹部は「業界では『おかわりプラン』とも呼ばれている。顧客のためになっていない」と話す。金融庁が銀行19行と生保8社を調査したところ、一時払いの外貨建て保険の平均運用継続期間はわずか2・5年。[*8] 約6割が加入後4年以内に解約されていた。同庁は「ターゲット型保険のほとんどが目標値に到達すると解約され、同時に同一商品を同一顧客に販売する事例が多数発生している」と指摘する。運用利回りも解約控除や手数料がかさみ、先進国債券の投信を下回った。

縦割りの弊害をなくす狙いもあり、外貨建て保険の問題は、保険課に加え、総合政策局リスク分析総括課も関与。リスク性金融商品の販売のあり方を横断的にみる同課コンダクト監理官室の監理官らが主導する陣容となった。外貨建て保険は保険本来の趣旨から照らしてどうなのか、どんな顧客にふさわしい商品なのか――。彼らは根本的な疑問を深めていた。

23年夏、金融庁と生保業界で「バトル」となった。[*9]

金融庁の会議室。リスク分析総括課コンダクト監理官室の担当と、日本生命と明治安田生命のMOF担が向き合った。

日本生命は生保協のこの年の協会長会社、明治安田生命は協会内で営業ルールなどを話し合う「業務企画部会」の部会長だった。

金融庁の担当官は「こちらでも、業界の課題と考えていること、生保協会として協力してほしいことをまとめてみた」と切り出し、外貨建て保険の問題点を列挙していった。

① 他の運用商品との比較説明ができていない
② 途中解約が多く、加入目的に沿わない販売が行われている可能性がある
③ 為替リスクや金利リスクを顧客が十分に理解していない
④ 目標到達型で到達後に同様の保険に入らせており手数料が2度徴収されている

担当官 「『保険』という名称が安心感を与え、顧客が買いやすい状況となっており、募集人自身もパフォーマンスをよく知らずに販売しているのでは。どういった顧客を想定しているのかを明確にし、それに反する販売が行われていたら保険会社として金融機関に商品を卸さないという選択肢もある」

生保側 「顧客を想定することが重要であることは否定しないが、具体的にどのように想定顧客を明確化するかは悩ましい。マスマーケットを狙った商品であり、運用ニーズと保障ニーズがある方ということになるが、それ以上はどうすればよいのか」

担当官 「途中解約するケースが多いが、こうした顧客は想定していないはず。どのような顧客に販売していきたいかを言語化していくことだと思う」

生保側 「運用に特化した金融商品ほどのリターンは不要としつつも、運用と保障のニーズがあり、ある程度、資金を固定できる方という言い方もあるかもしれない」

外貨建て保険は最初の保険期間の10年ほどのうちに途中解約すると、解約控除として戻って

くるお金が減ってしまう。すぐに必要となるお金で外貨建て保険に入ることはふさわしくない。それなのに、金融庁のモニタリングでは、本当にしばらく必要のない資産なのか疑わしいケースもみつかっていた。総資産800万円の人が600万円の外貨建て保険に入っていた例もあるという。

外貨建て保険の性質についても意見が対立した。

担当官「外貨建て保険を『パッケージ』ではないとしているが、これは誤りである。顧客が運用目的で入っているなら、期待値やリターンで劣っているにもかかわらず、他の商品との比較をせずに加入しているのは問題だ」

ここでいう「パッケージ」とは、複数の商品を組み合わせた商品のこと。個々の商品をばらばらに購入した方がお得なケースが多い。金融庁はパッケージ商品であるなら、別々に商品を買うのと比べ、どんなメリット・デメリットがあるのかを示すべきだ、とのスタンスを取っている。

例えば、投信の世界では「ファンド・オブ・ファンズ」という運用形式がある。運用会社が、個別株や債券を組み合わせて一つの商品にするのではなく、すでに組成された複数の投信を組み合わせて一つの投信とした商品をいう。投信を組成する側にとっては楽な半面、顧客にとっては二重に費用がかかる商品も多い。ある社の勧誘の際の資料には「投資先のファンドで別途費用が掛かる場合があることや、投資先のファンドを個別に割安な費用で購入できる場合がある」と記載している。

外貨建て保険でいえば、死亡などの際の保障機能と支払った保険料の運用機能に分解できる。それぞれ別個に入った方がコスト、リターンの面でメリットが大きい可能性が高い。

だが、業界側は金融庁と異なるスタンスをとる。

生保側　「お察しのとおり、業界としてはFD原則が出た当時から、外貨建て保険については運用機能と保障機能を分けることができないとして『パッケージではない』と整理をしてきた」

この発言には背景がある。FD原則ができる前後、金融庁自身が生保各社との対話の中で、「パッケージではない」という業界の主張を事実上、追認してしまった経緯がある。当時の長官、森信親の優先順位が投信であったためと見られるが、より難しい仕組み債や保険は置き去りにされてしまった。

業界側はそこを突いてきたのだ。それは投信改革を優先する余り、保険に真剣に向き合わなかったしっぺ返しともいえる。

金融庁　「当庁としては外貨建て保険はパッケージだと考えている。一時払い外貨建て保険に1千万円を払って、そのうち60万円が手数料として引かれると考えたときに、この60万円で掛け捨ての死亡保険に入り、残りの940万円で運用商品を買うことができる。為替リスクをヘッジした運用商品もある中、あえて外貨建て保険を買うのか?」

ただその後も当局と業界は議論を重ね、「パッケージなのか」といった「哲学的」なテーマはいったん棚上げにしつつも、個別商品との比較について販売現場で説明していく方針になった。24年4月3日、外貨建て保険を顧客に販売する際、顧客に示すべき説明資料の作成に関する生保協のガイドラインに「他の金融商品の個別購入で完全に複製することは困難ではあるものの、個別に購入することによって、外貨建一時払保険と類似の機能が得られる可能性がある旨を記載する」と明記された。[*10] 今後どこまで実質的な「見える化」が進むか注目に値する。

それにしても外貨建て保険はなぜパッケージ商品ではないのか。保険会社は、外貨建て保険には分解できない固有の価値があると主張する。

一つは「それぞれに入るよりも手間がかからない」とするもの。ただ、手間がかからないというのは、それこそパッケージ商品の特徴ではないか。むしろ、個別に買うのとどちらが良いか比べた方が良い根拠にも聞こえてしまう。

最近よく耳にするのが、「相続メリット」だ。

これに関して、最近の一時払いの保険のなかでも、円建ての売れ行きが伸びている。

金融庁の圧力もあり、地銀などが行員の評価体系で外貨建て偏重を見直した影響も大きい。

また、日本銀行の緩和修正で、一時払い保険の予定利率が少しだけ増えたこともある。だが、販売現場で強調されるのが相続メリットだ。

「保険であればスムーズに相続できます」などとアピールされる。

生命保険の死亡保険金は相続税の非課税枠がある。法定相続人1人につき500万円だ。

ただ、そもそも相続税には、基礎控除枠（相続税の課税対象とならない部分）があり、「3千万円＋（600万円×法定相続人の数）」と定められている。

例えば3人の子供がいる一人暮らしの高齢者に、子供が3人いれば相続資産が4800万円までならば相続税がかからない。

MUFG資産形成研究所の20年の調査によると、50〜60代の相続経験者で、各都道府県の家計資産額以上の男女が相続した財産額の平均は3273万円、より実態に近いとされる中央値は1600万円だった[*11]。この金額は相続した財産すべてであり、5割弱は不動産が占めた。

この時点で、多くの人にとって「相続対策」として生命保険に入るメリットは乏しい。

そこで、もう一つのメリットとして強調されるのが「遺言代わり」というフレーズ。

相続財産をめぐって子供たちで争うケースが少なくない。「争続」とも揶揄される。銀行担当者は「生命保険の保険金は、受取人を予め指定できます」と勧める。保険金は、「相続財産」ではなく「受取人固有の財産」という扱いなので、受取人を指定すれば子供たちの間で争いがない、とする。

21年度の家庭裁判所の司法統計資料によれば、調停や審判など裁判所で争いになった相続案件の76％は遺産額が5千万円以下のケースだった。保険商品を使って解決できる可能性はもちろんあるが、こうしたケースは遺産が不動産であることが多い。

保険だからこそ相続メリットがあるケースは実際には限定的だが、販売側がどこまで説明し、買う側もどこまで理解しているのだろうか。

先ほども述べたように、保険はよきせぬリスクを保障するものである。公的保険の補完という側面もあり、公共性が高く、税制優遇が認められている。保険に入らせるという政策的な意図もあるが、近年は不必要な人に多数の保険に入らせるケースが問題化している。逆に、本当に保障が必要な若い世代にリーチできていないといった課題も指摘されている。

「保険が必要だから入る」から「保険自体は必要ないが、相続メリットがある」「節税メリットがある」といった本末転倒な状況になっていないか。税制メリットばかり強調するようになると、いつか、財務省や国税から「しっぺ返し」を食らう可能性もある。

変額保険

「パッケージ」となった保険商品の機能を分解していくと、それぞれに特化した商品に勝てないケースが多い。そのため分解不可能な商品として売り出す。その典型で販売が伸びているのが、主に代理店で売られる平準払い（月払い）の変額保険だ。

変額保険とは、生命保険と投資信託がセットになったような金融商品。保険料の一部を株式や債券などで運用し、運用次第で満期保険金が変わる。死亡時には決められた保険金も出る。低金利が続くなか、長期積み立てで運用できてインフレに強いとされる一方で、積立金は大きく変動し、早期解約の解約控除もある。

先ほどの一時払いの外貨建て保険は預金を扱う銀行での販売がメインだったが、こちらは乗り合い代理店でよく売られる。一般的な生命保険に比べてリスクが高いが、「長期・積み立て・分散」による「貯蓄から投資へ」という国のスローガンにも乗って、投資初心者への勧誘も盛んだ。「ＮＩＳＡ、ｉＤｅＣｏを無料で説明します」とおびき寄せ、変額保険に入らせる手口は「ＮＩＳＡフック」とも呼ばれる。[*12]

首都圏在住の30代公務員男性は２０２１年春、２カ月前に入ったばかりの変額保険を解約した。資産形成の「無料相談窓口」で会ったファイナンシャル・プランナー（ＦＰ）の勧めで契約したが、自分で調べ直すと無駄が多いと気付いたのだ。

「今思えば『いいカモだ』と狙い撃ちにされたのでしょう。高い勉強代でした」

男性が最初に窓口を訪れたのは20年末。長男の誕生を機に「お金のことを真剣に考えよう」と思ったからだ。応対したFPは資産形成のシミュレーションや保険の仕組みを丁寧に教えてくれた。「話し上手で親切」という印象で、すぐに商品を勧められることもなかった。

相談を重ねるうち、男性はすっかりFPを信用するようになった。4回目の訪問で提案されたのが、変額保険だった。

「保障だけだとお金がもったいない。運用だけだと『万が一』が心配。将来のために資産運用をしながら保険も付く『一石二鳥』の商品があるんです」

代表的な商品のパンフレットには、30歳男性が月2万円の保険料を60歳まで支払う例が示されていた。30年間の支払総額は720万円で、この間に死亡すると931万円が受け取れる。満期まで生きていれば、運用実績が3％だと931万円もらえるが、逆にマイナス3％だと377万円に減る。0％でも577万円しかもらえない。

実は変額保険は、代理店にとって販売のうまみが非常に大きい商品だった。

保険会社は代理店へ手数料を払う。水準は非公表だが、ある中堅生保の手数料率の内部資料によると、初年度の料率は「保険期間が33年以上」の契約で50％。販売実績の高い「Sランク」の優良代理店の場合、82・5％にもなる。保険料が年24万円だと初年度の手数料は、約20万円となる計算だ。

変額保険とはこんな金融商品

朝日新聞デジタルより作成

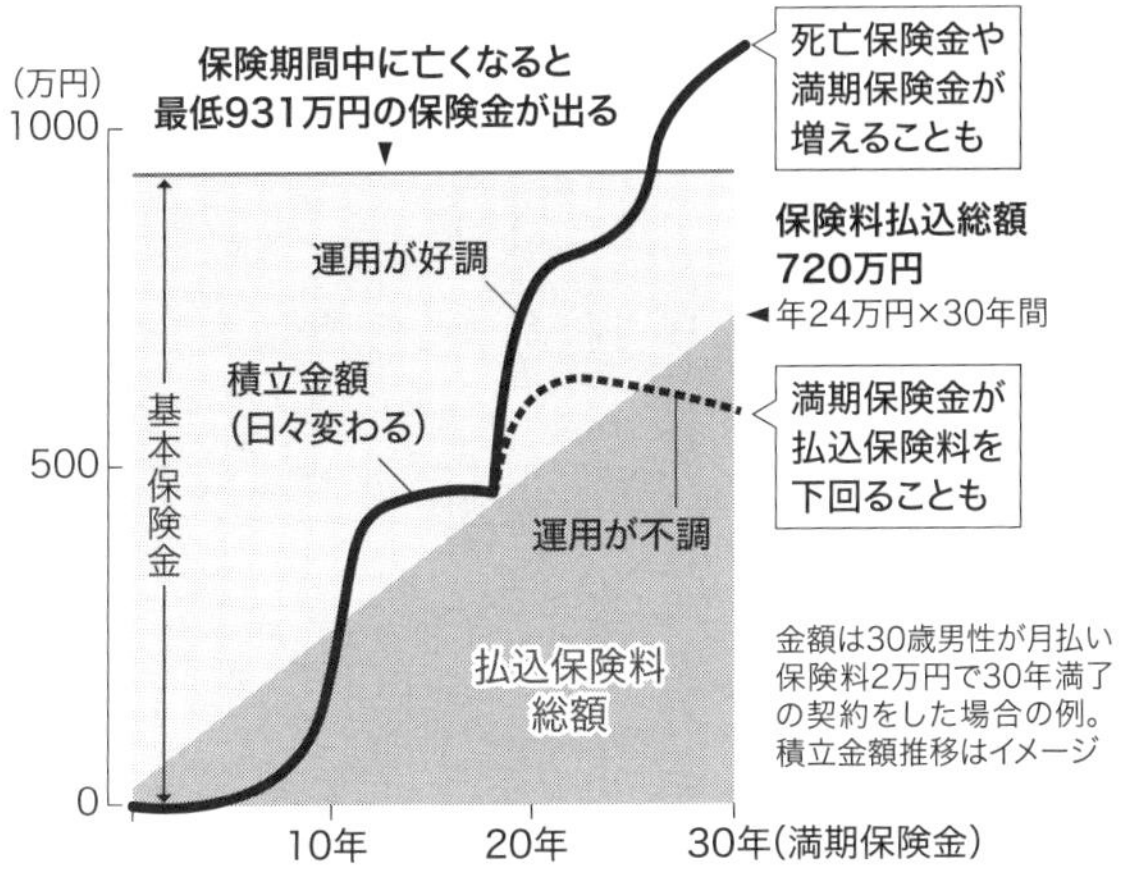

金額は30歳男性が月払い
保険料2万円で30年満了
の契約をした場合の例。
積立金額推移はイメージ

代理店の手数料は初年度が高い。ただ次年度以降も「Sランク」代理店であれば、継続手数料や長期保全報酬などに代わり、2年目は7〜21%、その後も20年目まで2〜7%程度が入る。この中堅生保は「代理店には高度なスキルや長期の手厚いアフターフォローを求めており、相応の手数料だ」とする。ただ、複数商品を扱う中堅代理店の幹部は「変額保険は実入りが大きい。代理店が顧客に対し、メリット・デメリットをどこまで理解してもらっているかは正直疑問だ」と打ち明ける。

商品を保険部分と運用(投信)部分に分けてみる。それぞれには関連費用がかかっている。販売資料によると、投信の運用には、株式や債券など手法の違いで主に資産額の年0・13〜0・9%(税込み)の費用がかかる。

これ自体は、一般的な投信と比べて高くはない。だが特別勘定の運用費など変額保険に特有の費用がこれに0・75%加算される。

他の保険関連の費用は実態がほぼ不明となっている。先ほどの代理店への多額な報酬など営業経費（付加保険料）と死亡保障などの費用（危険保険料）が含まれるが、いずれも非開示だ。

保険会社は「年齢や性別でコストが違うため表示できない」と説明する。

ただ、実は費用を推し量ることができる。支払う保険料総額と0%運用時の返戻金の差額が、こうした費用とおおむね一致する。先ほどの30歳男性のモデルケースだと支払い総額720万円で0%運用では577万円だった。つまり、保険関連費用は143万円となる。

契約期間で割れば、保険費用は月4千円弱の計算になる。ネット生保で、死亡保障を同条件とする保険に入れば、保険料は半分ですむ。それなら保険には別に入り、販売手数料無料の投信を購入した方がはるかにコスパがよい。

加えて、変額保険は10年未満の短期解約をすると、解約控除として一定額が払戻金から引かれる点も要注意だ。

変額保険は契約期間が長いほど、代理店の懐が潤う仕組みにもなっている。

優良代理店が変額保険を販売する場合、最も短い保険期間である10〜12年の契約を獲得すれば、顧客が1年間に支払った保険料の約13%が手数料として入る、とされていた。

保険期間が33年以上の契約を獲得すれば、先ほど述べたようにこの手数料率は82・5%まで跳ね上がる。

そこで、代理店の間で「払済話法」と呼ばれる悪質なセールストークが問題になっている。実は先の男性もワナに引っかかってしまった。

男性は「とりあえず長めに80歳までの契約期間に加入しておいて、保険料の支払いが負担だったら、(解約控除が発生しなくなる)10年後以降に払済にすればいいですよ」と勧誘。わざわざ払済にした場合のシミュレーション資料までつくっていた。

払済は保険料の支払いを止めても、当初の契約期間中は保障を続けられる仕組み。解約時に受け取る返戻金で保険料をまとめて支払うイレギュラーな手法だが、金銭的な理由で支払いが困難になったときに使われている。もちろん支払総額が減るので保険金も減る。

だが払済には大きな問題がある。変額保険はメリットの一つに「長期・積み立て・分散」投資をうたうが、その効果をやめることになる。さらに一部の商品では、死亡保障の費用は、「払済」に切り替えた後も、投資の積立金から差し引かれてゆく。しかも市況が悪いときは多く抜かれ、回復しても積立金は元の水準には戻らない仕組みになっている。実は市況の変化に弱いハイリスク商品に生まれ変わってしまうのだ。

＊1　柴田秀並『生命保険の不都合な真実』（光文社新書）。
＊2　朝日新聞デジタル2021年3月16日、18日。
＊3　朝日新聞デジタル21年6月17日。
＊4　金融庁「マニュライフ生命保険株式会社に対する行政処分について」（22年7月14日）。
＊5　金融庁保険商品審査事例集（24年2月）。
＊6　外資系証券会社で仕組み債を組成した経験を持つ元幹部へのインタビュー（当時、21年10月23日）。
＊7　金融庁「リスク性金融商品の販売会社による顧客本位の業務運営のモニタリング結果」（23年6月30日）。
＊8　金融庁「リスク性金融商品の販売会社等による顧客本意の業務運営に関するモニタリング結果（2023事務年度中間報告）」。
＊9　複数の生保関係者と金融庁関係者への取材（23年12月～24年2月）。
＊10　生命保険協会「金融機関代理店における重要情報シート作成ガイドライン」。
＊11　MUFG資産形成研究所「退職前後世代が経験した資産承継に関する実態調査」（20年10月）。
＊12　AERA（21年7月5日号）。年齢は当時のもの。

エピローグ

２０２３年９月４日午後８時すぎ。都内の一角に止められたハイヤーの後部座席に、筆者はするりと滑り込んだ。隣には旧知の男性。この数日前、ビッグモーター（ＢＭ）問題やカルテル疑惑で揺れる損保業界への取材応援に筆者は入ったばかりだった。「きみから見て、この問題をどう思うか、業界をどうみるべきか。それが聞きたい」。男性はそうつぶやくと、筆者にある重要な情報を託してくれた。それが本書を書く直接のきっかけである。

一連の取材で、印象に残るエピソードがあった。

同月８日、損害保険ジャパン副社長に就任した石川耕治は、冬頃から全国各地をめぐり、車座になって社員の意見に耳を傾けた。関係者によると、あるときの集会で、損害調査を担当する女性社員がこう訴えた。「アルバイト時代から、お客様のためになると思い入庫誘導を積極的にやってきた。それが、不正請求につながっていたことは悲しい」。涙声だった。

支払いの現場では、契約者の希望通りにいかないことはよくある。心ない言葉を投げられることもあり、時には罵倒される。けれど、正しい支払いのため、社会的使命のため、現場は歯を食いしばり頑張ってきた。経営陣こそ、ＢＭという大口の取引先に物を言えず、易《やす》きに流れたのではないか――。決死の言葉を投げかけた女性社員はこの時点で、すでに退職を決めていたという。

各地でこうした厳しい声を受け止めた石川は２０２４年２月、白川儀一の後任として、損保ジャパン社長に就任した。同年4月にSOMPOホールディングス（HD）のCEOに就任した奥村幹夫とともに、「第二の創業」を託された石川ら新体制の経営陣が背負ったものは、決して軽くない。

課題を突きつけられたのは、もちろん損保ジャパンだけではない。BMの一件では、損保ジャパンの判断ミスが際立ったが、問題の根っこは業界のゆがんだ構造にある。東京海上日動火災保険も、三井住友海上火災保険も、自賠責欲しさからBMに対する事故車の紹介を競い合っていた。大口顧客に対する忖度に加え、損害査定の大切さよりも、営業の論理を優先する姿勢があったのではないか。

一連の取材では何より、業界の代理店に対するゆがんだ姿勢が浮き彫りとなった。小規模の専属代理店に対しては手数料ポイント制度で追い詰める一方、ディーラーなど優良な兼業代理店には異常とも言える「本業支援」ですり寄る。働いている社員自身も「何をやっているのだろう」と自問するほど馬鹿馬鹿しい便宜供与であるが、麻薬中毒のようにやめられない。自爆営業にイベントの手伝い、接待、ゴルフ……。各社の間ではいまだに「奴隷根性」丸出しで、滑稽な競争が繰り広げられている。

カルテル疑惑では、奇妙な癒着構造も明るみになった。

リスク計算の能力や商品の質といった保険のプロとしての勝負ではなく、本業支援や政策保有株といった別の次元で競っていた。「花形」と呼ばれる法人営業の担当者らが、カラオケルームに集まっては契約先企業の保険料水準などを密かにささやきあっていた。

一連の取材で「保険はコモディティ化しやすい商品だからやむを得ない部分もある」といった言葉を何度も聞いたが、思考停止に陥っているのではないか。どこまで顧客のリスクマネジメントに向き合ってきたのか。

「保険本来の力で勝負しようとしない」という点では、生保業界も課題が多い。公的保険の「補完」としての役割を忘れてしまい、不必要な契約に多数入らせる「過剰契約」の問題を引き起こし、税制メリットを強調する「節税保険ブーム」も起きた。一方で、保障が本当に必要な層にどこまで向き合ってきたか。外貨建て保険や変額保険の手数料欲しさの販売勧誘は、今後の大きな火種になる予兆も感じさせる。

戦後の保険販売のあり方を形作ったのは、保険募集取締法（募取法）だった。特徴は、生保に乗り合い代理店を禁止したこと。当時、それだけ生保代理店の不適切な乗り換え販売が広がっていた。一方、損保では乗り合い代理店は許された。「同一商品・同一価格」の時代、損保各社は、「本業支援」など別なところで競争を繰り広げた。

しかし1990年代の自由化で商品が多様になり、生保・損保で複数の商品を比較して自分に最もふさわしい一つを選びたい、というニーズが生まれた。自由化の一環で同じ頃、生保の乗り合いが解禁され、「ほけんの窓口」のような代理店が広がった。

２０１６年施行の改正保険業法で金融庁がターゲットにしたのは、こうした生保の乗り合い代理店だった。募取法が禁止していた、生保の乗り合い代理店の隆盛に対し、リスクの芽を摘もうとするのは自然な発想だった。金融庁はこの分野への監督やモニタリングにリソースを割いた。

一方で、損保の代理店のあり方は置き去りにされてしまった。生保でも、乗り合い代理店へ注力するあまり、これまで主流だった営業職員チャネルのあり方については深く議論してこなかった。数々の問題が顕在化している今こそ、両業界を横断し、長期的な視野に立った議論が必要ではないだろうか。


本書は「保険が大切であるからこそ、本来の趣旨を見つめ直してほしい」という思いから、生損保のインサイドストーリーを横断的に描いたものである。

保険の専門家でもない記者ごときが業界についてなにがしかを語ることができたとすれば、ひとえに取材先のおかげである。「業界をよりよくしたい」と願う業界関係者や金融庁官僚からたくさんのことを教えてもらった。損保ジャパンやＳＯＭＰＯＨＤに対して結果的には最も厳しい内容となったが、両社の社員や幹部、ＯＢの方々にも素晴らしい方がたくさんいる。筆者の質問や投げかけに真摯に耳を傾けてもらった。金融庁は、損保ジャパンの悪い面の企業文化を指摘した。だが「イノベーター」としてのDNAは確かに損保ジャパンのなかに息づいていると取材のなかで感じた。良い部分を生かしながら、損保業界のなかで、どこよりも素晴らしい企業に立ち直ってもらうことを誰よりも期待している。

取材の機会を与えてくれた朝日新聞経済部の上司や先輩、同僚にはとりわけ感謝を申し上げたい。また、朝日新聞出版の宇都宮健太朗さん、担当編集者の簗田まり絵さんには大変お世話になった。

筆者は朝日新聞の記者として、ここ数年、金融業界の担当から離れていた。この春、正式に損保や銀行担当として金融に戻ってきた。今後、業界がどのような変化を遂げるか。引き続きウォッチしていきたい。ご意見などはshibata-s2@asahi.comにお寄せ下さい。

柴田秀並 しばた・しゅうへい
1987年、東京都生まれ。早稲田大学政治経済学部卒。2011年、朝日新聞に入社し、現在は経済部記者。金融担当が長く、かんぽ生命保険の不正募集などを取材。社会部調査報道班に在籍中は国土交通省の統計不正や同省ＯＢによる人事介入問題の取材にも携わった。著書に『生命保険の不都合な真実』(光文社新書)、『かんぽ崩壊』(共著、朝日新書)がある。

朝日新書
956

損保《そんぽ》の闇《やみ》　生保《せいほ》の裏《うら》

ドキュメント保険業界

2024年５月30日第１刷発行
2024年７月30日第３刷発行

著　者　柴田秀並

発行者　宇都宮健太朗
カバーデザイン　アンスガー・フォルマー　田嶋佳子
印刷所　TOPPANクロレ株式会社
発行所　朝日新聞出版
〒104-8011　東京都中央区築地 5-3-2
電話　03-5541-8832（編集）
　　　03-5540-7793（販売）

Published in Japan by Asahi Shimbun Publications Inc.
ISBN 978-4-02-295267-7
定価はカバーに表示してあります。

落丁・乱丁の場合は弊社業務部(電話03-5540-7800)へご連絡ください。
送料弊社負担にてお取り替えいたします。

何が教師を壊すのか
追いつめられる先生たちのリアル

朝日新聞取材班

定額働かせ放題、精神疾患・過労死、人材使い捨て、クレーム対応……志望者大激減と著しい質の低下。追いつめられる教員の実態。先生たちのリアルな姿を描き話題の朝日新聞「いま先生は」を再構成・加筆して書籍化。

米番記者が見た大谷翔平
メジャー史上最高選手の実像

ディラン・ヘルナンデス
サム・ブラム
志村朋哉／聞き手・訳

本塁打王、2度目のMVPを獲得し、プロスポーツ史上最高額でロサンゼルス・ドジャースへの移籍が決まった大谷翔平。渡米以来、その進化の過程を見続けた米国のジャーナリストが語る「二刀流」のすごさとは。データ分析や取材を通して浮かび上がってきた独自の野球哲学、移籍後の展望など徹底解説する。

うさんくさい「啓発」の言葉
人〝財〟って誰のことですか？

神戸郁人

「人材→人財」など、ポジティブな響きを伴いつつ、時に働き手を過酷な競争へと駆り立てる言い換えの言葉。こうした〝啓発〟の言葉を最前線で活躍する識者は、どのように捉えているのか。そして、何がうさんくさいのか。堤未果、本田由紀、辻田真佐憲、三木那由他、今野晴貴の各氏が斬る。